从孟德尔谈细胞遗传

刘枫　主编

黄河出版传媒集团
阳 光 出 版 社

图书在版编目（CIP）数据

从孟德尔谈细胞遗传 / 刘枫主编 .—— 银川：阳光
出版社，2016.7（2022.05重印）
（站在巨人肩上）
ISBN 978-7-5525-2795-7

Ⅰ.①从… Ⅱ.①刘… Ⅲ.①孟德尔，G.J.（1822–
1884）– 生平事迹 – 青少年读物②细胞遗传学 – 青少年
读物 Ⅳ.① K835.216.15–49 ② Q343–49

中国版本图书馆 CIP 数据核字 (2016) 第 181559 号

站在巨人肩上　从孟德尔谈细胞遗传　　刘枫　主编

责任编辑　陈建琼
封面设计　瑞知堂文化
责任印制　岳建宁

黄河出版传媒集团
阳 光 出 版 社　出版发行

地　　址　宁夏银川市北京东路139号出版大厦（750001）
网　　址　http://www.ygchbs.com
网上书店　http://shop129132959.taobao.com
电子信箱　yangguangchubanshe@163.com
邮购电话　0951-5047283
经　　销　全国新华书店
印刷装订　天津兴湘印务有限公司
印刷委托书号　（宁）0020169

开　　本　710 mm×1000 mm　1/16
印　　张　9
字　　数　144千字
版　　次　2016年7月第1版
印　　次　2022年5月第2次印刷
书　　号　ISBN 978-7-5525-2795-7
定　　价　35.80元

前　言

　　哲人培根说过:"读史使人睿智。"是的,历史蕴含着经验与真知。

　　科学的发展是一个漫长的过程,一代又一代的科学家曾为之不懈努力,这里面不仅有着艰辛的探索、曲折的经历和动人的故事,还有成功与失败、欢乐与悲伤,甚至还饱含着血和泪。其中蕴含的人文精神,堪称人类科技文明发展过程中最宝贵的财富。

　　本系列丛书共 30 本,每本以学科发展状况为主脉,穿插为此学科发展做出重大贡献的一些杰出科学家的动人事迹,旨在从文化角度阐述科学,突出其中的科学内核和人文理念,提升读者的科学素养。

　　为了使本系列丛书有一定的收藏性和视觉效果,书中还汇集了大量的珍贵图片,使昔日世界的重要场景尽呈读者眼前,向广大读者敬献一套图文并茂的科普读本。

　　由于编者水平有限,加之时间仓促,疏误之处在所难免,敬请广大读者批评指正。

编者

目　录

介

绍

我

自

的

孟

德

尔

名句箴言

基因特征并非后天获得，而是其亲代就有，只不过被优势基因掩盖罢了。

——孟德尔

自我介绍

　　1822年，即拿破仑死后第二年，我出生在当时奥地利西里西亚德语区一个贫穷的农民家庭。幼年我被人称作约翰·孟德尔，是家中五个孩子中唯一的男孩。我的故乡素有"多瑙河之花"的美称，村里人都爱好园艺。一个叫施赖伯的人曾在我的故乡开办果树训练班，指导当地居民培植和嫁接不同的植物品种。我的聪明好学给施赖伯留下深刻印象。他说服我的父母将我送进更好的学校继续其学业。1833年,我进入一所中学。1840年,考入一所哲学学院。在大学中,我几乎身无分文,不得不经常为求学的资金而奔波。1843年,大学毕业后,21岁的我进入了修道院,不是由于受到上帝的感召,而是由于我感到"被迫走上生活的第一站,而这样便能解除我为生存而做的艰苦斗争"。因此,对于我来说,"环境决定了我职业的选择"。

1849年我获得一个担任中学教师的机会。但在1850年的教师资格考试中,我的成绩不好而未能通过考试。为了"起码能胜任一个初级学校教师的工作",我所在的修道院根据一项教育令把我派到维也纳大学,希望我能得到一张正式的教师文凭。

就这样,我被准许在维也纳大学学习,度过了从1851年到1853年的四个学期。在此期间,我学习了物理学、化学、动物学、昆虫学、植物学、古生物学和数学。同时,我还受到杰出科学家们的影响,如多普勒,我为他当物理学演示助手;又如埃汀豪生,他是一位数学家和物理学家;还有翁格尔,他是细胞理论发展中的一位重要人物,但是由于否定植物物种的稳定性而受到教士们的攻击。我从他那里学到了把细胞看作为动植物有机体结构的观点。翁格尔是我遇到的最好的生物学家。他对遗传的看法具体而实际:遗传规律不是用精神本质决定的,也不是由生命力决定的,而是通过真实的事实来决定的。我在这方面也受到了翁格尔的很大影响。

1853 年,已经 31 岁的我重新回到布尔诺的修道院。同时有机会在布尔诺一所刚创建的技术学校教课。大约从这时起,我决定把自己的一生贡献给生物学方面的具体实验。

1854 年夏天,我开始用 34 个豌豆株系进行实验。1855 年,继续试验它们在传递特性性状时的不变性。1856 年,我开始了著名的一系列试验,八年试验的结果是产生了那篇在 1865 年"布隆自然历史学会"上宣读的论文。这篇论文 1866 年发表于该会的会议录上。就是这篇当时被完全忽视而日后被发掘出来的论文奠定了我在遗传学史上的地位。

孟德尔出生于捷克摩拉维亚的一个农民家庭，从小就在家里帮助父亲嫁接果树，在学习上已经表现出非凡的才能。1844—1848 年，孟德尔在布隆大学哲学院学习神学，曾选修迪博尔教授的农学、果树学和葡萄栽培学等课程。1848 年在维也纳大学期间，孟德尔先后师从著名物理学家多普勒、物理学家埃汀豪生和植物生理学家翁格尔，这三个人对他的科学思想无疑产生了很大影响。当时大多数科学家所惯用的方法是培根式的归纳法，而多普勒则主张，先对自然现象进行分析，从分析中提出设想，然后通过实验来进行证实或否决。埃汀豪生是一位成功地应用数学分析来研究物理现象的科学家，孟德尔曾对他的大作《组合分析》仔细拜读。孟德尔后来做豌豆实验，能坚持正确的指导思想，成功地将数学统计方法用于杂种后代的分析，与这两位杰出物理学家不无关系。翁格尔当时正从事进化学说的研究，他认为研究变异是解决物种起源问题的关键，并且用这种观点去启发他的学生孟德尔。通过翁格尔，孟德尔了解了盖尔特纳的杂交工作。盖尔特纳是一位经济富裕的科学家，他能不受拘束地在自己的花园内实施有性杂交的宏伟计划,曾用 80 个属 700 个种的植物,进行了万余项的独立实验,从中产生了 258 个不同的杂交类型,这些成果都记录在 1849 年出版的盖尔特纳的著作《植物杂交的实验与观察》中,虽然这本书写得既单调又重复,但涉及的范围很广,包含着一些极有价值的观察结果。达尔文和孟德尔都曾仔细地读过这本书。孟德尔读过的书至今还保存在捷克布隆的孟德尔纪念馆内,书中遍布记号和批注,有的内容正是以后孟德尔的实验计划里的组成部分。由此可见,一个伟大的科学思想的形成绝非偶然。

1854 年以后,在布隆修道院做神父的孟德尔同时还在布隆国立德文高级中学代课,讲授物理学和博物学,为时长达 14 年之久。在此期间他完成了著名的豌豆实验,并成为摩拉维亚农业协会自然科学分会的会员。1867 年,布隆修道院老院长纳普去世,孟德尔继任。从此,孟德尔为宗教职务所累,告别了教学和研究工作,直至 1884 年去世。

孟德尔的豌豆实验是从 1855 年开始的。从孟德尔的原始论文来看,他的实验目的很明确,就是通过植物杂交来探索生物的遗传规律。他用了 34 个豌豆品种,花了两年时间检验它们的纯种性,从中挑选出 22 个品种。经过仔细观察,在这22个品种中,他又选出7对具有明显差异性状的品种。然后,孟德尔针对这7对相对性状,一对一对地进行杂交和后代分析工作,这7对相对性状分别是:种子形状、种子颜色、种皮颜色、豆荚形状、豆荚颜色、花的位置、茎的高度。

孟德尔发现,每对杂交的子一代都表现显性性状,但子一代自花授粉产生的子二代就发生显性性状与隐性性状的分离,而且显性类型数目与隐性类型数目都接近3∶1。

由此,孟德尔提出颗粒性遗传因子的概念,并推论遗传因子在生物的体细胞中成对存在,体细胞形成生殖细胞时,成对的遗传因子发生分离,分别进入不同的生殖细胞中。这就是我们今天所说的遗传分离规律或孟德尔第一定律。杂交子一代产生的生殖细胞随机两两结合的结果,便导致了子二代性状呈3∶1的分离。

孟德尔所说的遗传因子具有颗粒性与独立性,不同的遗传因子在细胞中并不相互融合,形成生殖细胞时成对的遗传因子会相互分离。这种颗粒性遗传思想,使人们摒弃了以前长期流传的融合式遗传概念,这是孟德尔在科学思想史上的一项重大贡献。

孟德尔从3∶1这样简单的整数比得到遗传因子具

有颗粒性的概念。这种从整数比到颗粒性的逻辑推理，很可能受到过英国化学家道尔顿的思想影响。1807 年，道尔顿发现化学中的倍比定律，即两种元素化合成多种化合物时，与定量甲元素化合的乙元素，其质量成简单的整数比，由此道尔顿推论元素由微观颗粒——原子组成的思想，并认为分子由原子组成，得出著名的"原子—分子论"。

在孟德尔之后，1900 年，德国物理学家普朗克提出，只有当振子能量为某一常量的整数倍时，黑体辐射理论中的种种困难才能消除，从而推论微观形式的能量以颗粒性方式存在，创立量子论。这也是一个由整数比到颗粒性的逻辑推理的著名例子。

在揭示了一对相对性状的遗传规律之后，孟德尔就进一步研究两对相对性状的遗传。孟德尔发现，具有两对不同相对性状的亲本豌豆杂交所得的子一代，两对相对性状都只表现显性性状，但在子一代自交所得的子二代中，出现了 4 种不同类型，其中两种是两个亲本分别具有的性状组合，另外，还出现了不同于亲本的两种重新组合。孟德尔由此推论，在体细胞形成生殖细胞时，不同对的遗传因子可以自由组合。这就是我们今天所说的遗传的自由组合规律或孟德尔第二定律。

早期的遗传学说

名句箴言

三更灯火五更鸡，正
是男儿读书时。黑发不知
勤学早，白首方悔读书迟。
——颜真卿

是什么在控制着遗传

一母生九子，九子各不同，双胞胎也没有完全一模一样的。那么，是什么在控制着遗传的不同呢？

细胞是生命个体最小的结构单元，雄性的精子和雌性的卵细胞结合形成的受精卵是一个新的生命个体发育的开始。由此我们可以肯定，在雄性的精子和雌性的卵细胞，也就是生殖细胞中，藏着我们所要寻找的物质——遗传物质。正是生殖细胞中的遗传物质导致了子代与亲代的相似,在生物的亲代与子代之间搭起了物质传递的桥梁。当然,遗传物质并不仅仅在生殖细胞中存在,体细胞中也存在有遗传物质。

精子和卵细胞中的遗传物质是什么?

在古代,劳动人民已经在不自觉地利用生物子代与亲代之间遗传的关系来进行农作物的育种,也有一些学者对遗传现象进行了思辨式的探讨。许多学者认为,作为生殖物质的精液来源于血液。如古希腊的希波克拉底、阿那克萨哥拉、德谟克利特和亚里士多德等学者。直到今天,人们仍然用"血缘关系"来指亲缘关系,也有"血脉相连""血浓于水"等说法。

1876年,达尔文的表弟高尔顿进行了兔子的输血实验,但输血的结果并没有把一只兔子的遗传性状传给另一只兔子。这说明,血液并非遗传物质。血液虽然给精子和卵细胞的发育提供营养,但精子和卵细胞中的遗传物质却并不是从血液中来的。

名句箴言

攀登科学文化的高峰，就要冲破不利条件限制，利用生活所提供的有利条件，并去创造新的条件。

—— 高士其

传统的遗传观点

在有性生殖的物种中每一个个体都是独特的、唯一无二的。这独特性的程度远远高于非生物界的。和生物的个性有关的是变异，任何由独特的个体构成的类群必然显示变异。活有机体变异的起源和本质直到20世纪才弄清楚，而19世纪生物学发展的一个重要障碍就是缺乏已确立的关于变异性的学说。这正是达尔文自然选择学说的论据环节中最薄弱的一环。达尔文本人也敏锐地觉察到这一点，并且为之苦恼了终生。

甚至原始人也一定模糊地觉察到变异，或者变异的一部分，与遗传有关。后代在某些特征上与亲代或祖代可能相似这种知识当然是古已有之。所有的动植物育种都是根据某些性状是遗传的这一认识。任何改进品种的努力，无论是通过人工选择还是杂交育种，都毫无例外是根据遗传的要求。甚至性别在受精中的作用在某些文化中也是很早就已知道的，例如两河流域文化的亚述人至少早在公元前两千年就用雄枣树花的花粉使雌枣树的花受精。

然而遗传的本质及其机制却一直是一个谜。上古的博物学家和农学家的早期观察以及医生和哲学家的推测引出了很多问题，其中大多数问题一直争论到 20 世纪初。也许生物学中没有别的领域在其发展中否定错误的观点和信条比在遗传学中更重要。这些错误观点或信念是：

（1）亲代的精神或气质是遗传的动因，而不是传递肉体的物质；

（2）双亲中只有一个传递遗传要素；

（3）父本的贡献在量与质上都和母本的不同；

（4）环境和身体的活动对遗传物质有决定性影响；

（5）有两种截然不同的遗传性，一种是不连续变化，另一种是连续的无限小变化；

（6）特征本身是直接遗传的而不是形成性状的可能性；

（7）双亲所作的遗传贡献在后代中融合在一起。

这只是广泛流传的关于遗传的错误概念的少数例子。遗传是如此明显的现象，变成了形形色色民间"科学"的主题，其痕迹甚至在今天的一般人中还依稀可见。例如动物育种者坚信一头纯种的雌动物如果被一头另一个品种的雄性动物或杂种动物授精，这雌动物的"血"将变得永远不纯，便不再能供育种用。这种信念还往往用于人类，特别是在种族主义者文献中。还有很多人认为一个后代可以有几个父本，因而母本在怀孕期间如果与几个父本交配，其幼仔将具有这几个父本的特征。另外也有人相信遗传物质有很大的可塑性，例如有人认为母本遭遇任何意外可能影响胎儿。

传统的遗传观点从回顾的角度看来其最突出的特点是往往和同时接受的其他观点不相容。对一种无形的不变本质的信念和相信各种形式的环境影响搅和在一起，或者和双亲的贡献有差别的看法同时并存。严格的数量概念和单纯的定性概念共存。体质性损伤遗传也几乎被普遍承认，虽然谁都知道失掉胳膊的战士的儿女并不是缺胳膊的，更不用说在犹太人中千百年来实行的割礼在遗传上是无效的了。

学而不思则惘，思而不学则殆。

——孔子

名句箴言

古代的遗传学说

也许很多古希腊学者对遗传或变异提出过有创见的分析和批判性的意见，但在古代并没有形成统一的学说，而且这些哲学家的观点也彼此极不相同。然而，承袭了荷马的《伊里亚德》史诗或其他史诗的传统，人们普遍接受了遗传原则；虽然古希腊哲学家对双亲的特征是怎样传递给后代的仅仅是有很模糊的认识。关于生殖和遗传的思想对后世影响最深远的是希波克拉底和亚里士多德。

希波克拉底是一位著名医生。他曾讲过从身体各个部分产生的"种子物质"由体液运到生殖器官。受精作用就是父母的种子物质互相混合。身体各个部分参与种子物质的形成可由蓝眼个体产生蓝眼儿女和秃顶个体的后代也变成秃顶的事实来证明。如果身体的某些部分是不健康的,其后代的相应部分也可能是不健康的。

这种胚种广布论或泛生论的观点显然是阿那克萨哥拉首先提出的,而且至少直到19世纪末也还有人相信它,包括达尔文。如果相信用进废退的作用或其他任何形式的获得性状遗传就势必会接受这一观点。躯体形成并通过它形成种子物质,然后直接通过生长发育再一次转变成下一代的躯体这样的轮流交替也是泛生论的特点,这概念一直基本保持了下来,直到19世纪70年代和80年代才首次遭到反对。

亚里士多德是古代人中对繁殖问题最感兴趣的,他曾利用他的主要著作之一《动物的繁殖》来专门讨论这个问题。他还以另一著作《动物的解剖》讨论变异和遗传。亚里士多德全然反对希波克拉底和其他先驱用原子论观点解释遗传。他认为这种观点无法说明不能产生种子物质的一些性状的遗传现象,例如像指甲、头发这样一些死组织,或像声音、行动这样的行为特征。而且某些性状在它们还没有达到显示的年龄之前就可以由亲代遗传,例如秃顶或头发早白。亚里士多德也同样反对雄性动物的精子是雏形动物的看法,某些 17、18 世纪的学者就持有这种看法。

亚里士多德的遗传学说多少具有整体论性质。他和某些先驱一样认为在遗传中雌雄性动物的作用有所不同。雄性的精子提供形体形成因素而雌性的月经则是由精子塑造的无定形的物质。他将精子的作用比作木匠的工具,而"雌性总是提供材料,雄性则提供塑造材料成形的工具。就我们看来,这就是雌雄性的特点:雄性之所以是雄性和雌性之所以是雌性。"

上述说法似乎表明精子和月经的功能显然不同,但在另外的地方亚里士多德又提到雌、雄性种子物质之间的竞争,甚至是斗争。当雄性物质占上风时就会产生雄性幼仔。如果只是部分取胜,就会产生具有母本特征的雄性幼仔;如果亲本的力量弱于祖本,则幼仔具有祖代特征等等。

亚里士多德思想中最重要的是每个个体的两种本质所起的作用。固然每个幼仔具有它所从属的物种的特征,但是它还具有它自己的特殊个性。亚里士多德认为,苏格拉底的子女可能具有苏格拉底的特征。

曾有人不无理由的提到亚里士多德将形体形成因素和被塑造的材料分开的想法和控制塑造表现型的遗传程序这

一现代概念相差并不太远。但是,这忽视了亚里士多德的两种本质是一种非物质的因素;另外,亚里士多德的两种本质与柏拉图的两种本质的概念十分不同这一点一直使后来的学者混淆不清,因而亚里士多德的观点在 1880 年以前实际上一直不被重视,直到 1970 年人们才认识到亚里士多德的观念和现代观念十分相似。

和生物学的其他领域相仿,古希腊人所作出的重大贡献是他们对遗传采取了完全新的态度。他们不再将遗传看作是神秘的、由上帝赐予的东西,而是可以研究的、可以思考的。换句话说,他们要求承认遗传是科学。事实上他们首次提出了很多问题,这些问题后来成为 19 世纪和 20 世纪早期著名的遗传学辩论的主题。还有一个哲学学派——伊壁鸠鲁学派,提出了一个新概念,即存在着非常小的见不到的微粒,后来成为遗传学的一个基本概念。

亚里士多德和古希腊原子论者之后大约两千年,在繁殖和遗传问题上并没有增加什么新内容。即使亚历山大时代和古罗马时代也是如此,中世纪也只是按遗留下来的古老问题进行讨论。古希腊人所提出的许多而又无法肯定作答的问题也是文艺复兴时新兴科学的主要问题。其中某些问题可列举如下:

(1)受精作用的实质是什么? 在交配中传递的与受孕有关的东西是什么?

(2)生物能自然发生吗？或者说两性结合是不是产生新个体？

(3)在子代的特征或性状上父本和母本各自贡献了什么？除了作为发育中胚胎的抚养者之外，母本是否也作出了贡献？

(4)雄性的精子是在什么地方形成的？是在特定的器官还是全身？

(5)后代的性别是怎样决定的？

(6)可以遗传的性状在多大程度上受用或不用？它受环境或其他因素影响吗？

只有回答了上述这些问题以及一些其他的问题——实际上必须首先恰当地、有系统地将这些问题表达出来——遗传学才有可能成为一门科学。

当中世纪末期对自然界的兴趣复苏时，它所面对的精神和理智气氛和希腊时代已完全不同。上帝的意志和创造能力随时随处可见。当时强调的是"起源"，是新个体的产生而不是遗传所暗示的连续性原则。自然发生，向无生命物质注入生命被认为是和正常繁殖一样自然。产生畸形生物和产生正常生物一样，并不以为怪。某种植物的种子或幼苗转变成另一种植物也习以为常。新的生物都是从头开始繁殖而起源。由于着重点是繁殖后的发育，所以这一时期人们的思想情况对1828年左右称之为胚胎学的研究领域的历史特别重要。

必须注意的是从 15 世纪到 18 世纪真正的生物学还并不存在。当时受重视的是博物学和医学,两者之间的联系也很少。繁殖主要是由解剖学教授医学生理学者研究,他们研究近期原因并且很少提出涉及遗传的问题。他们的兴趣是发育生物学。与之相映,博物学家的主要兴趣在于自然界的多样性,即终极原因的结果。

由于物种的所有成员都具有共同的本质,因而遗传就是一种必然现象,并不被看作是一个科学问题。既然要考虑,也只是在物种问题的范围内。然而变异却是每个人常想到的事,特别是博物学家。草药医生、植物学家、狩猎者及动物饲养员都喜欢异常的个体。起初这只涉及特别不同的“突变”,然而随着植物园和博物馆收集的标本越来越多,正常的个体变异也显露了出来并对之进行研究。后来这终于成为反对本质论的重要证据来源。

从中世纪到 19 世纪西方人的思想完全由本质论支配。按照这种哲学的观点某一物种中的全部成员都具有共同本质,研究物种就等于研究自然。在整个 16 世纪、17 世纪和 18 世纪的大部分时间本质论思想占有左右一切的地位,因而对个体性状的变异似乎并没有进行系统研究。当博物学家遇到与物种的典型表现有差异时,他们可能就会承认是种内的“变种”,不值得特别注意。正是由于对物种如此重视,所以由物种问题引出了关于遗传的一些最早期的观点也就不足为怪了。

遗传机制的研究必须根据一定性状而且是外表上稳定不变的性状有所差别的个体之间的杂交。因而变异是任何遗传学说所要解释的主要问题。但是,本质论者并不知道怎样对待变异。对他来说,概念上的难题是,一个物种中的所有个体"基本"都相同。因而直到 19 世纪末甚至 20 世纪初不同种类的变异被弄得彼此混淆不清。这种混淆不清的状况直到在系统学和进化生物学中种群思想取代了本质论后才得到澄清。这困难的性质只有从历史上考察才最容易说明。它将指陈各种不同的变异是怎样逐渐被察觉,它们之间的区别是什么。

就本质论者来说,按定义,物种没有本质上的变异。一切变异都是"偶然的",不影响物种的本质。变异体不是不同的物种,它是"变种"。虽然博物学家和园艺学家早就知道变异体和变种,但一般公认林奈首先拟订变种的概念。古代植物学家林奈相当轻视变种并嘲笑那些热心于为之命名的花卉爱好者。从总体上说他认为变种并不重要,气候或土壤条件都能使之发生可逆变化。他也知道畸形,但也同样视之无关宏旨。他从不过问变异的生物学意义。"变种是由于某些偶然原因而改变了的植物。"

林奈在他的《植物学哲学》一书中指出变种的特点如下:"同一物种的种子所产生的不同植物有多少,变种也就有多少。变种是被偶然原因改变了的植物；气候，土壤、温度、风等等都是偶然原因。当土壤改变后，变种最后就回复到原来情况。"变种在这里被定义为我们现在可以称之为表现型的非遗传性变化。在谈到动物界的变种时，林奈指出他不仅把非遗传性气候变异体包括在"变种"项下，而且还有家养动物的品种和种群内的遗传变异体。当我们仔细阅读林奈的著作时就会发现在"变种"这一名词下至少列举了四组完全不同的现象：(1)非遗传性变化，这是由于营养、气候、栽培或其他环境因素对表现型产生影响的结果；(2)家养动物或栽培植物的品种；(3)种群内遗传变异体；(4)地理宗，例如人种。

随着时间的推移以及发现了在"变种"项目之下罗列了极不相同的现象，因而就各种不同的变异拟订了新的名词，但是由这种努力制订的新名词术语并没有解决问题，因为这并没有澄清作为名词基础的概念上的混乱。很多学者都分不清：(1)遗传性变异和非遗传性变异；(2)连续和非连续变异；(3)个体变异和地理变异。这样一来当不同的学者在谈论"变异"时在他们头脑中呈现的往往是完全不同的现象。这种情况是由林奈开始的，将动物学家和植物学家分开的传统的形式而益加恶化。当动物学家提到变异时，他们一般指的是地理宗，而植物学家谈起变种时通常是指栽培变种或种群内变异体而言。这传统上的差异首次表明变异是分成好多种的。

名句箴言

学问对于人们的要求是最大的紧张和最大的热情。

——巴甫洛夫

细胞遗传学的先驱

正是在林奈时代迈出了踌躇不决的第一步时才导致了遗传学的建立。就方法论来说，学习遗传有两种途径。一种是研究系谱。通过几个时代追溯人种的明显特征相当容易。莫培兑在1745年按照这一方法记录了多指畸形，现在已弄清楚这是由于显性基因通过四代显示的。瑞缪约在同时也发现了人类的多指畸形的显性遗传。紧接着在类似的研究中研究了血友病和色盲。虽然生物学家对这一类系谱在 19 世纪都已很熟悉,但并没有用来作为传递遗传学学说的基础。

另一种研究遗传的方法是通过育种。有两个学派采用这种方法,即物种杂交家和动植物育种家。这两个学派的目的和兴趣都极不相同。

一、物种杂交家

(一)克尔路德

克尔路德和 18 世纪的几乎所有生物学家相仿,也是在医学院校受教育。7 年后取得学位即去俄国圣彼得堡在科学院从事博物学研究 6 年。除其他工作外主要研究有花植物的受精作用和培育杂种。由于后来往往将克尔路德看作是孟德尔的先驱,因而必须着重指出他并没有带着纯粹的遗传学问题从事植物育种工作。他所关注的是花的生物学和物种的本质这样一类的问题。

他的第一次成功的杂交研究是运用两种烟草进行杂交。所得到的杂种生长非常苗壮,即使"最挑剔的眼光从胚胎到多少完全形成的花也找不出毛病。"看来他似乎成功地得到了一个新的物种。然而在杂种的花之间彼此授粉的一切努力都告失败。杂种连一粒种子也不产生而一株正常的花却能产生五万粒种子。这件事被克尔路德看作是"在自然界广阔天地中所发生的最奇怪的事情之一。"然而这也使他大大松了一口气,因为这使得他恢复了对本质论物种概念的信念。在随后的年代中克尔路德对许多不同属的植物反复进行杂交试验。实际上他对138个植物种进行了500次以上的不同杂交试验,结果一律相似,杂种的繁殖力大大下降。当克尔路德发现他的"物种"杂交中有某些具有正常的繁殖力时就将之除掉,认为这些显然不是优良的物种。他这样做是正确的。他对做过的一切杂交试验都留下了详细记录,现在回顾我们就能同意他这样做,他所除掉的确实是种内变异体之间的杂交。

当他在显微镜下检查杂种植株的花粉时发现几乎在所有的情况下花粉粒都是皱缩的,实际上只是空壳。授粉不成功也就不足为怪了。他只在极少情况中发现了完好的花粉粒并能产生几代植物。反交的繁殖力较高,也就是说当他用两个亲代物种中任何一个亲代的花粉使杂种植株受粉时繁殖力就高。在许多代中不断进行这样的反交,他最后得到的植物和与杂种反交的物种没有任何区别。他用多少古雅的词句来描述得以恢复原来物种的这一结果。

在他的其他杂交试验中,例如某些种石竹,有时繁殖力很少急剧下降,很容易得到F2,F3代,但在原则上结果总是相同。每一物种显然都按不同程度被某种不育屏障保护着。当然，布丰在研究骡子和其他动物杂种时早就指出过这一点，但一直没有加以归纳或概括。

克尔路德的另一重要发现涉及第一代和第二代杂种以及反交。他发现 F1 代杂种多少都相似而且它们的大多数性状介于两个亲种之间。就像常常所说的亲代物种的性状融合在 F1 代中。反之，F2 代杂种则显示大量的变异性，有些比起亲代更像它们的祖代。至少就物种杂交而言，这些发现从克尔路德到孟德尔之间的一百多年中曾反复被证实过。

克尔路德属于这样的学派，这学派认为生物学中的科学说明为了有说服力必须是物理的或化学的说明。这就是他为什么借助于化学模式来解释几代和 F2 代之间的区别。克尔路德说过，就像酸和碱形成中性盐似的，在见代杂种中雌性的"种子物质"和雄性"种子物质"结合成"化合物物质"。在几代杂种中它们并不是等量结合，产生各种不同的后代，有一些更像某个祖代，有些则更像另一个祖代。他无法解释为什么是这样，然而很明显他并不认为亲代"种子物质"的结合是一种融合过程。实际上就我所知，除了内格里以外，别的有经验的植物育种家都没有坚持融合遗传是唯一的机制这一观点。

克尔路德觉察到在某些杂交情况下几代杂种分成三种

类型,有两类像两个祖种,另一类像 F1 代杂种。然而由于他只注意物种问题是个别性状,因而只发现了少数几例这种明确的分离现象。他的基本目的是要证明两个物种的杂交不能产生第三个物种,除了极少数例外,这一结论现在正和两百年以前一样是正确的。唯一的例外是在克尔路德以后 150 年发现的异源四倍体。

阅读克尔路德呕心沥血写下的关于他的大量杂交试验的详细记录不仅使我们对他的勤奋执着赞叹不已,而且对他寻根究底的洞察力表示无比敬佩。他证明了如果花粉不能进入雌花的雌蕊,花就不育,从而最后论证了雄性种子物质是受精作用所必需的。通过杂种与两个亲本种的大量性状的比较和正反交杂种的产生,他首先证明了两个亲本的贡献是相等的。他因而肯定地确立了性别和受精作用的重要意义,这两点在他那个时代仍然是争论不休的。此外,他还彻底否定了先成论,无论是卵原论还是精原论。

对一个现代人来说父母双方都对子女作出遗传贡献是不言自明的。奇怪的是这道理对前几代人并不是如此明显易懂。这原因可以追溯到古希腊,那里的“男子至上主义者”将主要的特征形成的气质归之于父亲,而在亚里士多德及其他人的著作中则指明父亲提供形体而母亲只是供应形体所需要塑造的材料。17、18 世纪中,这些问题又和发育问题纠缠不清。胚是不是先形成或未成形的卵“后发生”?先成论者对事先存在的胚是位于卵中还是处在精子中必然需要作出选择。17、18 世纪的著名生物学家几乎全是卵原论者,因而将绝大部分遗传潜力归之于雌性。列文虎克和波尔赫夫属于精原论者,前者作为精子的共同发现者当然会是这样的。

这样一些学识渊博而又智力过人的学者为什么提出这种片面性的学说的确难于解释。所有这些学者一定早就知道在人类中每个小孩显示其双亲的混合特征。他们也知道白人和黑人的混血儿具有中间性状。他们还肯定了解物种之间的杂种也是居间的。所有这些众所周知的事实以及其他事实不仅充分否定了对事先存在的天真幻想,也驳斥了片面的雌性或雄性单方面发挥作用的概念。然而这样一类的观察并没有动摇卵原论或精原论,似乎这些学者将这些观察结果保存在他们大脑中的两个互不联系的部分。

他们的某些同时代人则更为明睿。布丰清楚了解父母双方都作出遗传贡献,但是莫培兑提出的遗传学说可以被认为预示了以后的发展。莫培兑拥护泛生论,它是根据阿那克萨哥拉和希波克拉底的思想,主张来自父母双方的颗粒与后代的特征有关。他这一学说的极大部分可以在后来的淖丁,达尔文、高尔敦的学说中找到。

克尔路德的发现对了解植物的性别和繁殖虽然是很重

要的,但是要把他看成是孟德尔的先驱则是错误的。克尔路德总是把物种的本质看作是统一的。他在大多数情况下发现的 F1 代杂种时中间类型这一事实似乎向他本人证实了他的整体论观点。他从来没有将表现型分成个别性状并通过几代追溯某个性状在不同组合情况下的结局。而这些正是建立遗传学定律所必需的,孟德尔和德弗里首先认识到了这一点。

克尔路德不仅是由于他在花的生物学和杂种的本质上的重要发现值得受人尊敬,而且还因为他的试验路线显示了计划与执行都是一流的、是他的同时代人所不知道的。可惜的是,正像很多先驱人物一样,他走在他那个时代所关切的事物的前头太远,并不得不将他的一些最出色的试验花费在论证植物的性别上,而这对我们来说又似乎是显而易见的。

克尔路德的物种杂交结果和当时存在的信念相抵触到如此程度,他的发现又是如此出人意料并富有革命性,因而并不被他的同时代人接受。迟至 1812—1820 年间出版的学术性著作还仍然否定植物性别并对克尔路德的试验的可靠性提出怀疑。鉴于这种情况,普鲁士和荷兰的科学院在 19 世纪 20 年代和 30 年代曾悬赏以便解决植物杂交问题以及它在形成有用的变种和物种方面的运用。这种悬赏方式促进了卫格曼,吉特尼,戈德龙,诺丁,维丘拉以及其他杂交工作者的研究,这些人的工作已由罗伯茨,斯迪柏,欧柏等详细介绍过。所有这些研究都遵循克尔路德的传统。它们涉及植物性别和物种的本质。

只有某些杂交试验是在物种之内孟德尔变种之间进行的,但就克尔路德来说,他的试验结果即使发表了也没有人继续探索。所有这些学者反复证明了克尔路德的结果诸如F1代的中间型和相对一致性,F2代的变异性增高,正反交的同一性,父母双方对杂种特征的贡献,以及偶尔出现的甚至在不育杂种中的体细胞杂种优势。明确的孟德尔式分离现象非常罕见,这也并不奇怪,因为物种差异往往是高度多基因性的。另外,克尔路德的烟草这一物种以及其他杂交工作者所采用的很多物种大都是多倍体,染色体数目往往在某一个亲本中多于另一亲本,因而具有较多染色体组的亲本在杂种的外表上占优势。

必须反复强调的是,这些学者并不是从事控制个别性状遗传定律的研究。他们关心的是作为整体的物种的本质,在某种程度上他们对此了解得比孟德尔学派早期那些从事豆袋遗传学研究的人更深入。从1900年到进化综合的30年代的进化生物学的分裂在一定程度上可以追溯到19世纪早期植物杂交工作者的这股杂交热潮上。

(二)伽登勒

伽登勒是孟德尔之前最博学和最勤奋的物种杂交家。在他的主要著作中他总结了将近一万个杂交试验的结果。达尔文在谈到这些工作时曾评价说"其中所含有的有价值的东西比所有其他学者加起来还要多,如果有更多的人了解就会作出更大的贡献。"

将伽登勒所收集到的大量资料累积起来加以归纳整理理应作出很多概括性结论,但是这种情况并没有发生。不仅对他的著作仔细阅读过的达尔文,连他的同时代人也没有谁从伽登勒所收集的事实中得出一般规律。实际上伽登勒向自己提出的问题也就是克尔路德在几十年前提出的同样问题,从总体来看他也非常满足于只是描述他的杂交结果。也许可以对伽登勒说几句口是心非的恭维话,说他如此肯定无疑地证明了对这些问题能够作出什么答案,不能够作出什么答案,从而为完全新的研究路线扫清了战场。我们知道孟德尔也有一本伽登勒的书并且非常仔细地阅读过,然而却没帮助孟德尔提出新问题或为他在遗传学上的突破助一臂之力。在伽登勒进行的几千个杂交试验中有少数涉及豌豆和玉米的种内变种。就这方面来说,伽登勒确实是孟德尔的先驱,这在后面还要提到。

伽登勒并不是那个时代唯一的德国植物杂交工作者，但是其他的人也同样是在传统框架内进行研究，所以在丰富我们的遗传知识上并没有作出什么贡献。

(三)淖丁

法国杂交专家淖丁和伽登勒所不同的是他有一个很明确的理论，但是在基本思想上两人则相差无几。淖丁认为在产生杂种中将两个物种的本质弄到一起根本就不是自然过程。这在杂种不育以及后代杂种回复到某个亲代物种就表现了出来。亲代本质并没有发生融合。此外淖丁将物种的本质看作是整体而不是独立性状的镶嵌。淖丁的物种有一些显然只是孟德尔的变种，其中淖丁也得到了明确的孟德尔的比例关系，并且这种比例关系和淖丁对亲代本质的完全分离的看法十分一致。虽然他的某些杂交试验结果完全是"孟德尔式"的，如第一代杂种的一致性和第二代杂种的变异性，但是无论在理论上还是方法上淖丁都不是孟德尔的先驱，这可以由他没有探索可重复的比例这点来说明。他的同胞戈德龙也是如此，他只关心克尔路德几十年前提出的相同问题。就像他的其他著作表明的那样，他的主要兴趣在于物种的本质。

二、植物育种家

和物种杂交家的活动同时并肩进行的是实际的植物育种家的工作并由之发展了一种完全不同于物种杂交的传统。他们的纯粹功利主义的目的是提高栽培植物的产量，提高它们的抗病力和抗寒力，以及培植新变种。虽然他们也运用物种杂交，但主要着眼于变种之间的杂交，很多变种只有一个或少数几个孟德尔性状不同。这些植物育种家比植物杂交家更有理由被看作是孟德尔的直接先驱。

其中首先应当提到的是奈特，他专门研究果树的变种。对我们来说值得特别注意的是他认识到食用豌豆作为遗传研究材料的优点，因为"豌豆具有十分稳定的生活习性，它的变种特别多，是一年生植物，很多变种在形状，大小，颜色上都有明显特征，因而在很多年以前就促使我选择它来确定将某一变种的花粉导入另一变种的花中所产生的效应。"食用豌豆的这种特别优点显然在植物育种家中是早已清楚的，毫无疑问也正是由于这一原因孟德尔才终于倾全力来研究它。奈特是位很细心的实验工作者，他在引入不同植物的花粉前总要将花去雄，并采用未授粉的或真正受过粉的花作对照。他讲到过显性和分离，但是他没有对他收集的种子计数,因而也没有计算比例。

奈特的两位同时代人德肯德里克和约翰·高斯证实了显性和分离以及我们现在称之为隐性的选育性状。这三位育种家的某些试验结果并不一致,因为他们没有认识到 F1代豌豆种皮的外观是由母本决定的,而豌豆颜色本身则取决于双亲的遗传组成。伽登勒在较后时期的玉米杂交试验中由于种皮也遇到同样的困难,致使他无法始终如一的取得孟德尔的比例关系。这种困难在很多年之后才解决。胚乳是通过两个母本核和一个花粉核的融合而形成的,因而可能显示父本的特征。这一现象被植物遗传学家称为异粉性。

他取得的杂种并不是父本和母本的中间型,而是每个性状更近于父本或者母本。他的结论是"杂种和它的两个亲本相似,一般来说并不是由于父本或母本的某些特有性状的密切融合,而是未经改变的性状的分布相等或不相等。我说相等或不相等是因为这种分布在来源相同的所有杂种个体中远不一样,在它们之中存在着明显的多样性。

在描述他的杂交试验时他明确指出某一亲本或另一亲本的性状是"显性"。在他之前还没有人毫不含糊地用过这词。萨哥瑞特不仅证实了显性现象并发现不同性状的自由分离,而且充分认识到重组的重要性。"我们不能不赞扬自然赋予它本身以极其简单的方式就能够使它的产品无限制地多样化,避免单调划一。这些方式中有两个,即联合和分离性状就能够产生无限量的变种。"萨格瑞特还了解到某些祖先性状也偶尔会在这些杂交中出现,"这种可能性存在,但是它的发育在以前并没有受到重视。"我们行将介绍达尔文后来对这类回复现象非常重视。遗憾的是萨格瑞特后来并没有继续从事他的富于想象力的和创造性的研究。

近年来常常有人提出这样的问题,为什么这些植物育种家在看来即将作出关于遗传的学说时停步不前。有各式各样的答案,但大多都不合适。这和对细胞学的知识不足显然无关,因为孟德尔的解释没有根据细胞学说,实际也是不必要的。

这些育种家之所以不能制订出遗传学说也不能诿之于技术上的错误,因为他们之中的某些人在防止不需要的受粉作用时非常仔细谨慎并进行对照试验。他们给人以这种印象就是十分满足于仅仅得到明确的结果。他们根本不过问机制问题;如果他们过问的话,就像孟德尔那样,他们就会在试验技术中增添上对后代仔细计数并计算各种比例的项目。换句话说,他们的失败归根到底是由于他们没有提问关键性的问题。他们之所以如此是因为他们不是按可变的种群概念来考虑问题。采用种群思想是研究遗传现象的新路线的必要前提。

然而到了 19 世纪 50 年代,通过物种杂交家和植物育种家的共同努力广阔的基础基本已经奠定。他们已明确地提出了建立遗传学说所必需的绝大多数事实根据,诸如双亲的同等贡献,显性,F1 代的相对一致性,分离以及一般的反交同一性。

舞台已经搭好,只待一位特殊天才人物的出现,他将提问以前未曾问过的问题并用新的方法来解决它们。这个人就是孟德尔。

遗传学家早就意识到人类的生物学特征是既同一又多样的。同一，是因为所有的现代人都是大约20万年前从同一个人群繁衍下来的，分布各地的各个所谓种族也彼此杂居、通婚，因此人类身体特征的变异，并不具有明显的界限，而是一条连续的谱带。因此将人类划分为几个种族，只有社会、文化意义，没有生物学意义。我们没能发现任何决定种族的基因。有些等位基因，比如ABO血型基因，在不同的种族中的分布有所不同，但是那也只是频率的不同，并非质的不同。有时，我们也的确能够发现某种等位基因只存在于某个种族，比如线粒体DNA上有一个所谓"亚洲等位基因"，但是具有这种基因的人在那个种族中也只占了少数，比如在亚洲大陆只有18%的人有这种"亚洲等位基因"。因此，我们无法根据基因既充分又必要地鉴定一个人所属的种族。

另一方面，人类又有着广泛的多样性。这种多样性，是通过群体、个体，而不是种族表现出来的。"种族"内部的群体之间、个体之间的差异，可能要远远大于"种族"之间的差异。没有两个人是相似的，甚至具有相同基因型的同卵孪生子的形态也有所不同。分子遗传学的研究也表明，不存在一个"纯种"的人。大约 30％的人体蛋白质是多态的，也就是有着不同一的序列和结构，而功能又属正常。每个人的体内，大约 10％的基因属于杂合的，通俗地说，每个人都是"10％"的杂种。这是自然选择作用的结果，遗传上的杂合体要比纯合体有更强的适应能力和繁殖能力。

现代遗传学的奠基者——孟德尔

名句箴言

书富如海，百货皆有。人之精力，不能兼收尽取，但得其所欲求者尔。故愿学者每次作一意求之。

——苏轼

修道院后花园的豌豆

奥地利布鲁恩城中的圣托马斯修道院后花园里生机勃勃：粉红色的郁金香鲜花怒放，娇艳欲滴，淡紫色的石竹散发出阵阵幽香，人工饲养的蜜蜂正飞进飞出，一大群洁白如雪的鸽子忽起忽落……

最引人注目的还是那块豌豆地。它是一块夹在玻璃育种室和温室鱼池之间的小空地,上面种满了普通的豌豆。卵形叶子泛着绿油油的光泽,豌豆枝杈上正开放着耀眼的白花。有心人看了会感到奇怪,左边的豌豆植株挺拔高耸,像一只只小丹顶鹤似的昂首眺望;右边的豌豆植株却低矮肥壮,似一只只肥胖的鸭子。虽然两边豌豆的性状各异,它们都在微风中安谧地享受着夏日阳光的恩赐。

这里每天都能看到一个中年牧师,来到这里莳弄他的心爱的植物。他专心致志工作的样子,就像是一个优秀的园艺家,一点也看不出他是一个传经布道的传教士。为了这些豌豆,他已经耗费了长达 8 年的心血。金色的秋天就要来临了,自己的研究结果也该收获了。一想到这些,中年牧师脸上现出甜蜜的微笑。

1832 年的一天,奥地利西里西亚地区,一个名叫海因赞多夫的小村庄。10 岁的约翰正忙着帮助父亲嫁接果树。父亲酷爱园艺,是果树栽培嫁接方面的行家,左邻右舍的农民经常来向他请教。约翰从小就在父亲影响下学会了干各种农活,并且对果树嫁接产生了浓厚的兴趣。一次小约翰问父亲:"爸爸,一枝小小的良种接穗,尽管全部养料都由劣种砧木供给,为什么仍能长成粗大的枝干和香甜的果实?"

"孩子,我也不知道为什么!但事实的确如此。比养料力量更大的是树木的本性,就是人们称为'遗传'的那种性质吧!"父亲根据自己的掌握回答着约翰的问题。

　　小约翰默默地听着听着,陷入了沉思:"树木的本性""遗传",那是怎么一回事呢?他不断地喃喃自语。而这,也成为日后孟德尔发现细胞遗传的渊源启发。

　　童年的嫁接经验、小学校组织的生物活动和生物学的遗传现象,在约翰幼小的心灵中扎下了深深的根子。这对他成为举世闻名、发现遗传规律的伟大的生物学家,影响极大。

红雨随心翻作浪，青山着意化为娇。

——毛泽东

名句箴言

被遗忘的遗传规律

19世纪初，人们对怎样解释生物现象，产生的疑问最多。这一时期，其他领域的科学进展强化了生物学发展趋势。在无机界，牛顿力学、拉瓦锡化学以及其他学科都获得了很大的成功，所以，人们自信生物现象也不是深不可测的。自18世纪后半叶开始，这一观念不断得到强化。

现代遗传学的奠基者

随着历史发展,生物学星空中一颗颗新星开始相继闪烁光芒。林奈、布丰、拉马克、居维叶、达尔文、圣提雷尔和钱伯斯等一代生物学先驱,他们的研究成果搭起了一个巨大的脚手架子,等待着生物学后继者们建造精美的理论大厦。

19世纪50年代末,达尔文生物进化论诞生,标志着生物学主体框架部分已率先完工。可是,生物学大厦的遗传学工地上却仍蒙着让人难以窥视内幕的帷幕。事实上,就在生物进化论竣工,人们如醉如痴的欢呼时,遗传学理论即将大功告成了。然而,欢庆前者的热闹景象如同太阳光掩住白天的月亮,使遗传学诞生的事件黯然失色,以至于被人们遗忘了。

孟德尔发现生物遗传规律本来是生物学发展中的大事,但却经历了艰苦的磨难,如同他的主人经历的一样。

孟德尔发现的遗传规律基本解答了童年时的疑问,然而却人为地埋没了35年之久。尽管他十分自信地说:“我的时代一定会来到的”,但是直到孟德尔怀着复杂的心情,在斯美塔那安魂曲轻轻奏鸣中与世长辞时,依然无人问津……那些用心血浇灌出的豌豆所告诉他的秘密,世人竟不能与之共识,孟德尔怎么能瞑目呢?

孟德尔遗传定律怎么会被人们埋没和遗忘呢?这里边的故事应引起人们反思。自古以来,生物繁殖方式多种多样,幼体发育存在着许多差异,这是什么原因造成的?为此,人类长期感到迷惑不解,直到 19 世纪科学家对这些问题还是束手无策。

现代遗传学理论来自两个方面,它们也是生命遗传现象的两个侧面。一是遗传的相似性,二是遗传的不似性。所谓遗传就是生物体的构造和生理机能等由上代传给下一代,其中包括两个方面,其一是上一代与下一代两者之间的相似,即种瓜得瓜、种豆得豆,这体现了生物的遗传性质;其二是上一代与下一代两者之间的差异,这体现了生物的进化性质。两者关系是不能分离的,如同手心与手背一样。

长期以来,科学家们分别从两个方向来研究遗传现象如生物进化。

孟德尔是通过培育豌豆,经过精细的统计和独特的实验方法,揭开遗传机制之谜的,进而发现了遗传的三大定律。

1843 年,年方 21 岁的格里戈尔·孟德尔进了修道院以后,曾在附近的高级中学任自然课教师,后来又到维也纳大学深造,受到了相当系统和严格的科学教育及训练,为后来的科学实践打下了坚实的基础。孟德尔经过长期思索认识到,理解那些使遗传性状代代恒定的机制更为重要。

从维也纳大学回到布鲁恩不久,孟德尔就开始了长达 8 年的豌豆实验。孟德尔首先从许多种子商那里,弄来了 34

个品种的豌豆，从中挑选出 22 个品种用于实验。它们都具有某种可以相互区分的稳定性状，例如高茎或矮茎、圆粒或皱粒、灰色种皮或白色种皮等。

孟德尔通过人工培植这些豌豆，对不同代的豌豆的性状和数目，进行细致入微的观察，计数和分析。运用这样的实验方法需要极大的耐心和严谨的态度。他酷爱自己的研究工作，经常向前来参观的客人指着豌豆十分自豪地说："这些都是我的儿女！"

八个寒暑的辛勤劳作，孟德尔发现了生物遗传的基本规律，并得到了相应的数学关系式。人们分别称他的发现为"孟德尔第一定律"和"孟德尔第二定律"，它们揭示了生物遗传奥秘的基本规律。孟德尔开始进行豌豆实验时，达尔文进化论刚刚问世。他仔细研读了达尔文的著作，从中吸收丰富的营养。保存至今的孟德尔遗传物之中，就有好几本达尔文的著作，上面还留着孟德尔的手批，足见他对达尔文及其著作的关注。

起初，孟德尔豌豆实验并不是有意为探索遗传规律而进行的。他的初衷是希望获得优良品种，只是在试验过程中，逐步把重点转向了探索遗传规律。除了豌豆以外，孟德尔还对其他植物作了大量的类似研究，其中包括玉米、紫罗兰和紫茉莉等，以期证明他发现的遗传规律对大多数植物都是适用的。

从生物的整体形式和行为中很难观察并发现遗传规律，而从个别性状中却容易一些，这也是科学家长期困惑的原因。孟德尔不仅考察生物的整体，更着眼于生物的个别性状，这是他与前辈生物学家的重要区别之一。孟德尔选择的实验材料也是非常科学的。因为豌豆属于具有稳定品种的自花授粉植物，容易栽种，容易逐一分离计数，这对于他发现遗传规律提供了有利的条件。

孟德尔清楚自己的发现所具有的划时代意义，但他还是慎重地重复实验了多年，以期更加臻于完善。1865 年，孟德尔在布鲁恩科学协会的会议厅，将自己的研究成果分为两次宣读。第一次，与会者礼貌而兴致勃勃地听完报告。孟德尔只简单地介绍了试验的目的、方法和过程，为时一小时的报告就使听众坠入云里雾中。第二次，孟德尔着重根据实验数据进行了深入的理论证明。

可是，伟大的孟德尔思维和实验太超前了。尽管与会者绝大多数是布鲁恩自然科学协会的会员，其中既有化学家、地质学家和生物学家，也有生物学专业的植物学家、藻类学家。然而，听众对连篇累牍的数字和繁复枯燥的论证毫无兴趣。他们实在跟不上孟德尔的思维。报告结束后，既无人提问，也未进行例行的讨论，人们只是默默地走出会议大厅。一个人对此评论说，要么是人们的大脑好像僵化了似的，要么就是孟德尔修道院长的工作太古怪了。

现代遗传学的奠基者

　　孟德尔对自己研究的学术价值深信不疑。为了使研究成果早日得到科学界的承认,他将论文寄给伟大的植物学家耐格里。耐格里是当时堪称世界第一流的植物学家,在植物形态学、植物生理学和细胞学等研究领域都有重大建树。然而,耐格里教授的回答是令人失望的。他在给孟德尔的回信中写道:"对于你的来信,我提不出任何其他意见,因为我对这些豌豆试验没有详细的了解和知识……"世界上最权威的学者泼给他的冷水,并没有使孟德尔灰心,他也没有因此对耐格里失礼。他仍然尊敬耐格里,继续向耐格里写信求教,并多次把自己实验用的种子寄给他,希望他加以验证。

　　翌年,孟德尔又把自己的研究成果,以论文的形式刊载在奥地利自然科学学会的年刊上。这份年刊被分送到欧美120多个图书馆,可能有相当多的人阅读过。可是,由于当时接受孟德尔遗传理论的时机尚未成熟,所以这篇论文尽管从许多读者眼下经过,但谁也没有鉴别出它那重要的划时代价值。

　　1884 年,时值严冬,圣托马斯修道院前的小广场上,数百名身穿黑色丧服的人士,正在给刚刚去世的孟德尔院长举行葬礼。树枝在寒风中低声鸣响,远处几乎看不到任何行人,气氛显得格外庄严肃穆。送葬者大都是对死者怀有敬意和同情的人。然而,直到灵柩被安放进陵穴里时,不论宗教界或科学界,也不论尊者或平民,没有一个人知道,已被埋葬的孟德尔并非是一个普通的修道院长,而是现代遗传学的伟大奠基人,是堪与伽利略、哥白尼、牛顿、达尔文等比肩的一代科学巨人。

孟德尔晚年曾经充满信心地对他的好友布鲁恩高等技术学院大地测量学教授尼耶塞尔说:"看吧,我的时代来到了。"这句话成为伟大的预言。直到孟德尔逝世 16 年后,豌豆实验论文正式出版后 34 年,他从事豌豆试验后 43 年,预言才变成现实。

随着 20 世纪雄鸡的第一声鸣叫,来自三个国家的三位学者同时独立地"重新发现"孟德尔遗传定律。1900 年,成为遗传学史乃至生物科学史上划时代的元年。从此,遗传学进入了孟德尔时代。

荷兰植物学家兼遗传学家德弗里斯、耐格里的学生德国植物学家科仑斯和奥地利植物学家丘尔马克,三个人像勇敢的探险者一样同时登上了峰顶,发现了遗传学的"孟德尔宝藏"。从此,他们成了"遗传学的三剑客",像圆桌骑士一样拱卫着他们的国王。这三位学者都是在完全不知道孟德尔的发现,甚至每个人也不知道另外两个人的工作情况下,独立地发现了孟德尔遗传定律。他们在追踪文献时才知道孟德尔的工作。

通过宣传这几位在当时卓有名望的学者的论文才使孟

德尔的业绩闻名于世,遗传学在世界各地得到迅猛发展。孟德尔理论不仅为越来越多的事实所证实,而且不断丰富和发展。

19世纪,进化论的光辉曾经遮盖了遗传学,使它显得微不足道;20世纪,跨进了"孟德尔时代"的遗传学却使达尔文主义一度逊色。现在,进化论和遗传理论的相互结合已经成为历史发展的主流。

德国著名诗人海涅曾经讲过这样一个故事:一个巨人从地下深处掘起了大理石层并且把它们凿成了巨大的方块和圆柱,但要把它们结合起来,建造一座神殿就需要另一个巨人。

美国哥伦比亚大学摩尔根和他的合作者,接过了孟德尔修士的工作。他们在1900年前后进行了果蝇的系统实验,不仅出色地证明了孟德尔理论的正确,而且进一步将孟德尔定律推广到动物及一切细胞生物领域。摩尔根的研究工作使孟德尔定律更加璀璨夺目,他也就变成了组装巨石和圆柱建造神殿的巨人。

孟德尔和摩尔根成为细胞遗传学的创始人。孟德尔奠定的现代遗传学,又先后经历了细胞遗传学、分子遗传学和基因遗传工程等一个又一个伟大的新时代。

1910年,世界各国学者集资,在布鲁恩圣托马斯修道院前的广场上,为孟德尔建立了大理石雕像。每年成千上万来自天涯海角的人们，到修道院瞻仰这位伟大的遗传学奠基人。

今天，通过摩尔根、艾弗里、赫尔希和沃森、克里克等人的研究，已经使生物遗传机制——这个使孟德尔魂牵梦绕的问题，建立在遗传物质 DNA 的基础之上。随着科学家破译了遗传密码，对遗传机制有了更深刻的认识。现在，人们已经开始向控制遗传机制、防治遗传疾病、合成生命等更大的造福于人类的工作方向前进。然而，所有这一切都有那些修道院后花园豌豆的功劳，都与圣托马斯修道院那个献身于科学的修道士的名字相连。

名句箴言

学贵精不贵博。……知得十件而都不到地，不如知得一件却到地也。

——戴震

重新发现孟德尔遗传学的生物学家

德弗里在《细胞内泛生论》中阐述了遗传被分割成单位性状，每个单位性状独立地遗传的观点。他还拟订了试验计划。由于他同时从事生理学实验研究，所以直到1892年才认真地开展杂交试验，开始时采用的是麦瓶草、罂粟、月见草等植物；1894年他在536株F2代麦瓶草中发现392株有毛，144

株无毛;1895 年他在罂粟 F2 代杂种中发现花瓣有黑斑的
158 株,白斑的有 43 株;1896 年他发现白斑罂粟是纯一传
代。他在这些年里的其他试验也都证实了这些发现。1899
年秋,德弗里在 30 秆以上的物种和变种中观察到明显的分
离现象。最后他认为,对应性状的分离遵从某种一般的规律
并认为有充分理由发表这些结果。1900 年 3 月他在几个星
期之内先后写出了三篇文章记述其发现,两篇寄往巴黎科学
院,一篇寄往德国植物学会。他寄往巴黎的文章出版的日期
实际上比发往德国的出版时间早几天。在寄给德国的那篇
文章中他在脚注中写道:"在我完成了大部分试验并根据这
些试验写成这篇文章后才第一次知道孟德尔的文章。"欧柏
根据大量的间接证据断定,德弗里很可能早在 1896 年或
1897 年就读过孟德尔的文章。依克勒则认为在 1899 年,科
托特根据进一步的证据指出时间是 1899 年。

在这些年中德弗里在讲课提纲中仍然采用他自己的术
语——活动的,潜在的,而不是孟德尔的显性和隐性,在示数
挂图中他对分离用不同的百分比表示,似乎他还并不了解分
离的真正原因。还值得提到的是,德弗里用月见草进行过大
量的杂交试验,在 1900 年的文章中他只选用了"拉马克月见
草 X 短柱月见草"这个例子,这在他的月见草试验材料中是
他发现的唯一真正的基因突变。正如他在和贝特森的通信
中所明确说明的,他将进化性状和行生性状加以区别,只有

后者遵从孟德尔定律。

德弗里曾说过他是在1892年出版的一篇文章的参考文献中发现孟德尔的文章名录,他显然是在1892年以后的几年中参考过上述的那篇文章并促使他阅读孟德尔的原文。毫无疑问,他在那时就已经知道分离比值以及隐性的纯一传代,但是这并不一定意味着这些发现会促使他放弃他原先的错误观念。就像19世纪80年代的所有其他研究者一样,德弗里原来认为性状可能是由多重微粒控制的。像394∶144,158∶34,或77.5%∶22.5%,这样的一些比值对相信复制因子决定性状的人来说毫无意义。在运用比值时,德弗里指的是2∶1或4∶1。读了孟德尔的文章,是否促使他放弃他原先的学说并接受"来自每个双亲的一个因子决定个体性状"的孟德尔学说?我们将永远无法知道。既然如此,我们就必须接受德弗里的说法,他是从他自己的试验"推论出"分离定律的,正像孟德尔从类似的试验结果得出他的学说一样。德弗里专心致力于单位性状的试验性分析,的确非常接近于问题的解决。再前进一小步就能放弃他原先学说中的最后一个错误部分。然而贝特森在读到德弗里的文章以前虽然有大量的孟德尔式的比值也没有作出孟德尔那样的解释。

德弗里发现孟德尔已领先,显然很沮丧,这可能是他不再去探索他的发现的更深刻的遗传后果而转向从进化角度阐释进化突变的一个原因。物种形成似乎一向是他主要关心的问题。德弗里显然认为孟德尔遗传只是多种遗传机制之一,否则就无法解释他在给贝特森信中所说的"就我看来,越来越清楚的是,孟德尔学说是杂交普遍规律的一个例外"。因此,他多少舍弃了孟德尔学说而去研究他认为对进化更为重要的其他形式的遗传。

有三点理由表明,德弗里将永远是遗传学史上值得纪念的伟大学者:

(1)他独立于孟德尔提出了将个体之间的差异分割成单位性状的观点;

(2)他首先在一大群各式各样的植物中证实了孟德尔分离现象是存在的;

(3)他发展了遗传单位的突变性概念。

因此他决不只是孟德尔的发现者之一。当然德弗里比孟德尔更占有优势。他能运用当时的细胞学研究新成果来发展他的学说。当孟德尔明智地规避了对遗传"因子"本质即其物质基础的探究时,德弗里却将之与重新定义了的达尔文的泛子联系起来。就遗传现象而言,德弗里综合了达尔文与孟德尔。

孟德尔遗传的第二位重新发现者柯仑斯的情况就简单得多。他曾说过孟德尔的分离学说是他醒着躺在床上等天亮时突然"像闪电似的"进到他的脑海。他那时正忙于别的研究只是在几个星期之后才读过孟德尔的论文。当他收到德弗里的法国科学院文章的复印本时他才将他的试验结果写成文章并在德国植物学会 4 月 27 日的会议上宣读,随后大约在 5 月 25 日出版。柯仑斯从一开始就不认为他在重新发现孟德尔上起了重要作用。在他的一份通报的标题中就用的是"孟德尔法则"。他认为"就我自己来说重新发现这些定律所费的智力劳动比之孟德尔是大大减轻了"。关于柯仑斯独立重新发现孟德尔的问题,唯一可以怀疑的是,他是内格里的学生,可能早就知道孟德尔的工作。然而这种可能性是难以使人接受的,如果柯仑斯对孟德尔的工作早在 20 年前就已经知道,而他却没有按这一线索尽早开展研究那才真是非常奇怪的事。

第三位一直被认为是独立重新发现孟德尔定律的人是奥地利植物育种家丘歇马克,丘歇马克列为重新发现者是没有什么理由的。他确实见过孟德尔的文章,但是他于 1900 年发表的文章中表明他并不了解孟德尔遗传的基本原理。然而他在引导植物育种家注意孟德尔遗传学的重要意义上却起了积极作用。

为什么很多早期的孟德尔主义者恰巧都是植物学家这个问题从来也没有解释清楚。也许在园艺植物和其他栽培植物中更具有选育变种的传统,因为植物比动物更容易培养和育种。叶、花可能比羊、牛、猪等家畜具有更多的不连续性状。动物育种家所研究的大多数性状都是高度多基因性的,根本不宜于进行简单的孟德尔式分析。然而,1900 年年初,贝特森开始研究家禽,古诺在法国和凯塞尔、美国开始研究啮齿类,1905 年凯塞尔采用果蝇作为实验动物。动物遗传学的研究很快就追上了植物遗传学,而当摩尔根学派和切特维尼可夫学派开展了它们的研究工作后就超过了植物遗传学。到了 1914 年,兰格仅仅报道 1900 年以后哺乳动物遗传学的研究成果的专论竟然用了 890 页的篇幅。

植物遗传系统的多样性远远高于动物。这对要建立普遍规律的人来说很容易产生错觉。例如,山柳菊属的无配生殖系统就使孟德尔的研究遭到挫折,月见草的均衡杂合染色体环导致德弗里提出了错误的物种形成学说,自花授粉的近于纯合的菜豆使约翰逊贬低了自然选择的作用。细胞质在植物中的影响比在动物中更普遍,因而许多植物遗传学家的注意力完全集中在这方面以致没有作出特别重要的研究成果。另一方面,植物界不仅提供了豌豆而且还有谷物类、棉花、烟草等在遗传学上有研究价值的物种。目前还没有人从事在遗传学研究中所采用的各种动植物物种利弊两方面的比较研究。必须承认,大多数工作只是印证已经由果蝇或玉米所确立的事实。在分子遗传学以前,大部分遗传学研究都是在植物学系或动物学系分别进行,植物遗传学者和动物遗传学者之间的学术交流并不总是像所希望的那样活跃。20世纪 30 年代以后低等植物和原生生物日益成为遗传学者所重视的实验材料。由于认识到真核生物与原核生物在遗传系统上的重大差别,20 世纪 60 年代以后又再度燃起对真核生物遗传学研究的兴趣。

名句箴言

读书以过目成诵为能，最是不济事。

——郑板桥

孟德尔遗传学的黄金时代

遗传学的第一阶段是从 1900 年到 1909 年左右，这个阶段称为孟德尔主义时期，主要精力集中在有关进化问题的争议上以及孟德尔遗传是否普遍有效的问题。这一时期的主要代表人物是德弗里、贝特森和约翰逊，常常被称为"早期的孟德尔主义者"。不同的人对"孟德尔主义"这词有不同的理解，根据他要强调的是孟德尔主义的哪个方面而定。对建立遗传学的学者而言,它指的是颗粒遗传确凿无疑已成定案,并侧重硬式遗传的时期。对于进化主义者来说,"孟德尔主义"指的是这样一个时期,在这一时期中某些著名的遗传学家传播着关于进化问题和物种形成的完全错误的观点,在这一时期中突变压力被认为远比自然选择重要,而这些观点对博物学家正是格格不入的。因此,"孟德尔主义"这同一个词有时被用来表示赞许或支持,有时却具有贬义。

第二个阶段从 1910 年开始,主要代表是摩尔根学派,主要侧重于纯粹遗传学问题的研究,诸如基因的本质、基因在染色体上的排列等等。由贝特森于 1906 年建议的"遗传学"这个词后来被普遍接受并作为研究遗传现象这门科学的广义概念。

孟德尔所发表的文章虽然经过了 34 年才重新发现,但一旦重新发现之后却以前所未有的速度广泛传播。柯仑斯和丘歇马克都是在 1900 年 4 月末见到德弗里的文章。并分别在 5 月和 6 月发表了自己的有关文章。贝特森于 5 月 8 日在英国皇家园艺学会的会议上通报了孟德尔的试验,在法国古诺也很快就介绍了孟德尔的工作。

和许多重要的科学活动相仿,随后的进展势头在不同的国家也各不相同。毫无疑问,在孟德尔遗传学的进展方面英国是遥遥领先的,但不久即被美国赶上最后超过。德国的遗传学仍然继承了 19 世纪 80 年代的传统,侧重发育遗传学和一些不常见的遗传现象。在法国,古诺开了一个好头之后一直到 20 世纪 30 年代并没有多大作为。在苏联,正如吉辛诺维奇指出的,"只是到了苏维埃时期遗传学才发展成为一门科学"。在西北欧则并没有遗传科学诞生。遗传学在什么地方欣欣向荣和按哪个方向发展,完全取决于这一领域的带头人。然而奇怪的是,柯仑斯和德弗里在随后的孟德尔遗传学发展上都没有发挥重要作用。这一功绩,至少在早期,必须归于贝特森,他对孟德尔遗传学重要意义的赏识程度远在所谓的重新发现者之上。

贝特森自从在霍普金斯大学布鲁克斯教授的研究室逗留期间就对不连续变异饶有兴趣并从 19 世纪 80 年代起就进行育种试验,但真正集中精力从事这方面的研究还在 1897 年左右。1899 年 7 月 11 日他向皇家园艺学会宣读了一篇题为"作为一种科学研究方法的杂交和杂交育种"的论文。从这篇论文可以看出当时他还没有提出遗传学说,尽管有许多试验结果按孟德尔观点很容易解释。直到 1900 年 5 月 8 日他在从剑桥到伦敦的火车上读到孟德尔的原作后才深受启迪。他很快就成为一位热诚的孟德尔主义者并将孟德尔的文章翻译出来加上脚注发表在皇家园艺学会杂志上。贝特森的热情一部分出自他认为孟德尔分离学说是对他的论点——"物种形成是不连续变异的结果"的肯定。德弗里也提出过类似的进化学说并且也认为孟德尔遗传因子的不连续性是他的物种骤变形成学说的重要证据。因此,孟德尔学说之所以引起广泛注意竟然是由于似是而非的表面的理解。

遗传学中的大多数重要术语都是贝特森提出的。他为这门新学科创造了"遗传学"这个新词,并于1901年首创了"等位基因""纯合子""杂合子"。有了这些语义明确的术语,大大促进了这段时期的学术交流。当然,贝特森及其同事还对我们了解遗传现象作出了实质性的贡献。他们首先发现与孟德尔所观察到的简单现象不相符的情况。遗传学正是通过贝特森才在英国取得了在欧洲其他国家所完全没有的势头或动力。

贝特森是一个很复杂的人物,在辩论中好斗并近乎粗暴,但同时他又完全献身于事业。他是兼保守与革命于一身的奇怪混合物。在1900年以后的头10年中,他是遗传学的主要活动家,卡丝利的说法实际是很有道理的,他说贝特森"是遗传学的真正创始人"。然而1910年以后他反对染色体学说以及继续坚持物种骤然形成的观点就不再能说是建设性的。作为一个革命者来说他曾经留下了不朽的名言"请珍惜你所发现的例外情况,如果没有例外,工作就会变得如此枯燥无味,谁也不愿意去进一步推动它前进。把这些例外情况永远暴露在众目睽睽之下。例外就像修建中的大厦的粗面石料,它告诉人们怎样进一步加工并指出下一个部件应当安放在什么地方。"在他自己的研究工作中,他就非常注意实际上的例外或表面上的例外,他的一些重要发现就是遵循这一箴言的结果。

名句箴言

无所不能的人实在一无所能，无所不专的专家实在是一无所专……

——《韬奋文集》

孟德尔遗传学的进展

1900 年以后，遗传学的新成果出现的速度在科学史上简直是史无前例的。查阅贝特森的教科书，我们就会为 1900 年后不久人们对孟德尔遗传学理解的成熟程度而感到惊讶。进步如此迅速的原因是什么？原因之一当然是这新学说本身的美满和简单足以吸引任何人去进行遗传试验来验证它是否普遍有效。由于这是一片新开拓的领域,几乎任何人都有取得新发现的机会。孟德尔定律可以对遗传方式作出预测并对这些预测立即加以检验。另一个原因则还没有定论,即认为1900年以前细胞学研究在35年中所取得的辉煌成就奠定了牢固基础,应当能够按细胞学,特别是从染色体的角度来说明几乎一切纯理论性的遗传学发现。染色体细胞学已成为通向生物学其他领域的桥梁,这座桥梁是在能够使用之前就已建成。然而奇怪的是,即使它在能使用之后也几乎被遗传学家,如在摩尔根之前的贝特森、凯塞尔、伊捷特等完全忽略了。

遗传现象有关机制的知识被应用于生物学的各个不同领域,如进化生物学,发育生理学。下面将着重讨论传递遗传学方面。

一、半显性

在孟德尔所分析的七对性状中,他对每一对性状只分辨出两个变异体,即显性的和隐性的变异体。但是正如孟德尔本人所发现的那样,并不是所有的性状对都是如此。他曾经谈到花期就"几乎恰好处于亲本植株之间"。柯仑斯也同样发现某些因子并不是完全显性而是"半显性",因而产生的F1表现型多少介于双亲之间。两年之后贝特森在用白家鸡和黑家鸡杂交时发现了蓝色的安道路西亚家鸡这样的半显性。

这不仅证实了半显性是存在的,而且还表明孟德尔定律对动物和植物都适用。大致在同一时期古诺根据对家鼠毛皮颜色基因的研究也论证了这一点。鉴于动物和植物的细胞及细胞核显示完全相同的现象这一事实,这一发现可能并非完全出乎意料。然而孟德尔的遗传定律同样适用于动物界和植物界的这一发现进一步摧毁了存在于动物学和植物学之间的古老界限。

二、基因——遗传单位

在 1909 年以前,对作为可见性状基础的遗传因子还没有一个公认的术语。斯宾塞、海克尔、达尔文、德弗里、魏斯曼以及其他考虑遗传现象的学者都假定存在着某种具有不同性质的颗粒物质,但是他们所使用的名称并未被广泛采用。

孟德尔在他的研究工作中对遗传物质本质的推论严格限制在最低限度,鉴于 1865 年当时对细胞核和染色体的了解还极其有限,他的这种做法是非常明智的。他在试验中所指的特征和性状基本上限于表现型层次,虽然他所用的符号 A、Aa、a 被普遍认为是指遗传型的结构。他在论文的结论中曾经使用"因子"这词达 10 次之多,其中有几次和我们现在使用的"基因"这词的含义十分相似,但他对遗传物质并没有清晰的概念。不管孟德尔真正是怎样想的,就早期的孟德尔主义者看来,他所阐述的就是我们现在所说的孟德尔遗传。

虽然魏斯曼曾经暗示了种质与体质之间的区别,但是直到1900年还没有"表现型"和"遗传型"这两个学术名词。就德弗里看来遗传物质和躯体并没有实质上的差异,因为他所设想的泛子可以自由地从细胞核移往细胞质。他认为泛子就是单位性状或基本性状。他主张对每一个独立遗传的性状就有一个单独的遗传基础。德弗里有时也把遗传要素称作"因子",贝特森和摩尔根学派起初也采用了这一名称。

和德弗里相仿,贝特森也分不清作为基础的遗传因子与作为外表的表现型性状之间的区别。他将"单位性状"看作是"配子结构中二者择一非此即彼的"。为了能够指明这样的二者择一情况,例如豌豆中的圆豆或皱豆,贝特森引用了"相对形质"。然而他又不能区分躯体性状和它在配子中的定子。由于种种原因在1910年之前几乎普遍地达成了一种默契,即在遗传因子与性状之间存在着1∶1的关系。因此当提到某个单位性状时究竟是指遗传基础还是其表现都无关紧要。正是由于这种自动的默契促使凯塞尔提出了他的"污染学说"。

随着1900年以后遗传学活动的迅速增多,就有必要为可以独立遗传的性状的物质基础制订一个术语。丹麦遗传学家约翰逊发现孟德尔的因子在作用上与德弗里所提出的泛子很相似,因而在 1909 年建议将泛子这个字简化为"gene",表示遗传性状的物质基础。约翰逊是一个物理主义者,他最后所想的是要为基因这个词的定义涂上先成论色彩。他指责"将基因作为物质性的,在形态上表示结构特征的概念,这概念对遗传学的稳步发展非常有害必须立即加以提防。"因而他并没有为基因下定义而只是说"基因可以用来作为计量单位。我们无权按达尔文的微芽或魏斯曼的生源体或定子或者其他类似的推论性概念将基因定义为某种形态结构。我们也无权去设想每一个特殊基因相当于特定的表现型性状或发育中生物的特征。"

这个定义反映了那个时期贯穿于生物学领域中的意见分歧。物理主义者要按力学观点解释一切。胚胎学者出于后生论传统也同样不愿意接受颗粒性基因,因为这使他们想起了先成论。摩尔根起初不愿意承认基因,或者至少是颗粒性基因,也正是由于这样的考虑。最后,还有本质论的某些影响,本质论是反对将物种的本质加以分割的。实际上,从摩尔根开始,经过穆勒到沃森和克里克一直越来越接近基因的结构概念。约翰逊创用的"基因"这个术语很快就被普遍采用,因为它满足了对表示遗传单位的术语的迫切需要。然而由于缺乏严格的基因定义,这就成为后来引起某些争论的部分原因。产生思想混乱的另一个原因是,几乎一直到现在学者们对基因的含义是什么意见也不一致。例如，当谈到果蝇的白眼基因时，有的学者认为指的是白眼等位基因，另一些人则认为是指白眼突变发生的基因座，也就是所有白眼等位基因的基因座。

为不可见的，亚显微结构的遗传单位创造"基因"这字开始，直到充分了解它的本质，这段道路是漫长的，也是艰苦的。无数的遗传学家实际上是把他们的毕生科学事业奉献在这一探索上。我们行将见到，最后发现作为基因发挥作用的高分子确实具有约翰逊所拒绝承认的那种结构上的复杂性和特异性。怎样去发现基因的秘密？开始的确是一个非常折磨人的问题。摩尔根及其同事十分正确地决定从研究改变了的基因即"突变"着手，他们认为这可能是一个有希望的嵌入楔子。

三、新变异的起源

由于重新发现了孟德尔分离定律，遗传性变异的起源问题就变得很突出。等位基因的存在要求能作出说明。达尔文假定变异不断被补充，以便自然选择有充分的选择对象可以发挥作用。然而他说不出变异的来源。这时已到了解开达尔文的这个谜的时候，但是孟德尔主义者在研究这个问题时起初进展并不大。实际上他们必须克服重重障碍。

主要障碍是当时研究变异的大多数学者仍然认为有两类变异。例如达尔文发现有"很多细微差异可以称之为个体差异"，后来称为个体变异，连续变异，或波动变异。他对这类变异的重要性的认识是他的进化学说的支柱之一。然而达尔文又承认"有些变异……可能是突然发生的、或一步发生的"并列举出转叉狗和安康羊作为这种突变的例子。贝特森将这类突变称为不连续变异。并承认这两类变异存在着悠久的历史并和柏拉图的本质概念有密切关系。本质承受小幅度的偶然性变异，而任何重大的偏差只能通过新本质的突然发生。当时认为这两类变异的起因完全不同，在进化中的作用也十分不同。

四、个体变异或连续变异

如果承认有软式遗传就不难解释个体变异。内部条件或环境影响的任何变化都能影响个体的性状并使之发生改变。正如达尔文所作的说明，"在由于条件变化使躯体的结构发生改变的情况下，由于用或不用的部位分别增强活动或降低活动，或者其他原因，从躯体结构发生了改变的部位脱落下来的微芽本身也会发生变化，当它们充分繁衍后就会发展成为新的，改变了的结构。"相信软式遗传的其他学者也采取了类似的解释。旧性状将分级成新性状，而这些分级性状之间的差别很小，表现为连续变异。如果新的遗传性变异起因于某种未知过程，它将同样承受软式遗传并分级成原先已存在的变异。这样一来就承认了物种的本质具有产生连续个体变异的能力，在解释上也就不成问题。动、植物育种家普遍持有环境能影响遗传变异性的观点。

1883年当魏斯曼放弃了软式遗传后，情况就发生了根本变化。如果"生活条件"不能引起新的变异甚至不能提高变异性，那么个体变异的原因是什么？魏斯曼和德弗里对此都没有提出理由充分的学说，早期的孟德尔主义者当时正集中注意力于不连续变异问题上，很少或根本不重视个体变异。怎样去调和不连续的孟德尔因子和连续变异之间的矛盾是使他们伤透脑筋的事。

不仅仅是由于缺乏合适的资料阻碍了这个问题的解决，而且默默地接受了许多错误概念也是重要原因。这些错误概念除了两类变异而外，还包括软式遗传，融合遗传，模式思想以及对遗传型和表现型混淆

魏斯曼提出种质连续性理论

不清。面临着上述困难和错误概念，在当时还不可能直接着手解决连续变异和新变异起源的遗传学问题。问题的解决实际是通过研究不连续变异这一迂回方式，虽然这种方式的前提是认为不连续变异和连续变异完全无关。

五、不连续变异

古代人就早已知道在一个群体中偶尔会有个别个体与众不同，即超出了种群变异的正常标准。这在野生动物、家畜和栽培植物，甚至在人类中都曾发现。超出种群正常变异的任何变异体都是不连续变异的例子。在民间文学中都曾绘声绘色地描述过白化体，六指人以及各种畸形。15 世纪和 16 世纪早期，当自然界被赋予巨大的"生殖能力"、即产生新奇事物的能力时，各种怪物都活灵活现地出现在各种图书上，其中大多数是真正的畸形动物，其他的则是纯粹幻想的生物，例如狮首人身之类的嵌合体。

1590 年，海德堡的药剂师斯普伦格在他的药圃中发现一株叶子形状完全不同的五月白屈菜。他将繁育后的种子寄往各处，过了一段时间后在欧洲各个主要的植物标本室都有它的标本，17 世纪的大多数植物书籍中也有对它的描述。这新的变异体一般被看作是白屈菜属的一个新种。310 年以后，月见草属的一颗异常植株启示了德弗里，使他提出了一个新的重要进化学说。

在栽培植物中明显的异常变异体比较常见,实际上许多有名的园艺变种都是由这些变异体产生的。最有名的异常变异体的例子是所谓的反常整齐花。1741年林奈的一个学生从瑞典乌普沙拉带回了一株植物样品送给他,这植物在外观,特殊气味,花、花萼、花粉与种子的特殊颜色上乍一看和普通的蛋黄草完全相同。然而普通蛋黄草具有和金鱼草相似的典型不对称花,而反常整齐花则是具有5个突起的辐射对称花。林奈得出的结论是"这种新植物由本身种子繁殖,因而是一个新物种,并不是一开始就有的。"

达尔文特别强调进化的渐进性,也就是说,连续变异在进化上的重要性,但这并没有使他的所有同时代人信服。赫胥黎,高尔敦,克里尔克及其他人,偏重通过不连续变异的骤变式新物种和模式起源。然而再也没有别的人比贝特森更加清楚地认识不连续变异的重要意义,他曾经收集了大量材料来证明他的论点。

六、德弗里和突变

1886年,德弗里在拉马克月见草的大种群中发现了两个植株,他认为这两个植株与所有其他个体极不相同可以看作是新产生的物种。它们在德弗里的试验园中经过自花授粉仍然极端稳定。从马铃薯地里移植到试验园的拉马克月见草的个体中也还有其他的新模式产生。后来除了许多次要的变异体而外,德弗里还发现了20株以上的个体可以认为是新种,在自花授粉后确实稳定不变。

德弗里为这类新"物种"产生的过程引用了"突变"这个词。考虑到这词在遗传学说中十分重要因而不妨多说几句。"突变"这个词早在17世纪中叶就被用来表示形体的剧烈变化。从一开始它就既用于不连续变异又用于化石的变化。1867年这词被瓦根正式引用于古生物学,指种系系列中可以分辨的最小变化而言。德弗里很了解这种用法因为他曾特地提到过瓦根。就像我们的语言中很多词一样,"突变"这词既用于过程又用于过程的结果。但是比这更复杂更容易混淆的是"突变"。有时用来指遗传型的变化,有时却指表现型变化。更糟的是,在德弗里心目中,突变是一种进化现象而在以后的遗传学史中它越来越成为专门的遗传现象。关于突变概念的这种混乱情况必须有所了解才能懂得为什么突变在进化中的作用一直长期争论不休。

虽然德弗里用"突变"这个词表达新种的突然出现,但是他并不了解这类变化的物理本质,而且事实上,他是将之用来表示表现型的突然变化。这已经被后来研究月见草的学者们证实,他们证明了德弗里所说的突变几乎全都是染色体重排的表现,其中很少是现代所指的基因突变。

经过几十年的遗传学研究才使"突变"这词摆脱了它原来的含义,正如德弗里所断言的,它是产生新种的过程的羁绊。虽然德弗里对他的突变所作的进化意义上的解释是错误的,但比起在他以前的任何人,他更强调新遗传性状的真正来源,在这一点上理应归功于他。后来,孟德尔以及研究遗传现象的其他学者就一直探索原已存在的遗传因子和性状的传递。德弗里促使人们注意遗传性新事物的来源问题。不管"突变"这个词的含义从1901年以来发生了多么大的变化,从那时起突变一直是遗传学的一个重要问题。

德弗里叙述了他是多么勤奋刻苦地寻求一种理想的植物来明确论证通过突变的物种骤然形成。他研究了一百多种植物,但是除了一种以外他将其余的全都放弃,因为它们的变异都不能像他所预期的那样保持下去。他曾强调指出月见草是多么特殊,然而他显然从来没有意识到,将一个新学说奠基于从单个特殊物种所观察到的现象上是多么危险。

正如瑞纳,克莱兰行,爱迪生以及其他遗传学者的出色研究所论证的那样,月见草有一套特殊的易位染色体系统。这系统由于纯合子的致死现象因而在杂合性上是永远平衡的。德弗里看作是突变的现象实际是这类染色体环的分离产物。这种情况在其他植物物种和动物中并不存在。德弗里的突变既不是正常变异的来源也不是物种形成的正常过程。然而他的"突变"这一术语却在遗传学中保留了下来,这是因为摩尔根保留了它,尽管摩尔根是将之转用于十分不同的遗传现象。

Follow Me!
跟我來!

1991 年,耗资 30 亿美元、长达 15 年的跨世纪宏伟工程——人类基因组计划正式实施。这项生物科学史上绝无仅有的"大科学"计划——人类基因组计划将详细调查和破译出人体遗传物质的大约 30 亿对基因碱基,编绘出人体的全部基因图。人类基因组计划包括四项任务:遗传图谱的建立,物理图谱的建立,DNA 顺序测定和基因的识别,还包括对一些模式生物体基因组的全测序。

人体基因组计划由于投入的不断增加,研究队伍的扩大和测序技术的改进,取得了令人惊叹的成就。目前,以测序为核心的人类基因组计划的完成指日可待,通向全基因组科学的大门已经敞开。人类基因组计划正在完成其作为生物学和生物医学领域中唯一一项最重要的大科学工程的承诺:永久性地改变生物学和医学。现在,科学家们已开始考虑人类基因组计划后的研究,这将是一个集分子、细胞、发育、遗传、生理、病理、基因功能、信息科学为一体、较人类基因组计划更艰巨的科学工程,这方面研究将延续到整个 21 世纪。

早在 1906 年英国学者贝特森就曾宣称,"现代遗传学,已经无所不包而成为整个生物学的中心"。事实上,现代社会除了依靠遗传学解决农、林、牧、渔等部门的品种改良问题之外,在医药保健、计划生育、发酵工业、环境保护等方面,遗传学受到了越来越多的关注。因此,有人认为,遗传学在发展过程中,其自身的固有的边界似乎正在消失,融合于各个学科之中。展望未来,人类期待在遗传学命名 100 周年时,她将给我们带来激动人心的前景。

现代遗传学的兴起

应该记住，我们的事业，需要的是手，而不是嘴。

——童第周

名句箴言

细胞遗传学的概念

细胞遗传学是遗传学与细胞学相结合的一个遗传学分支学科。研究对象主要是真核生物，特别是包括人类在内的高等动植物。

18世纪末，孟德尔定律被重新发现后不久，美国细胞学家萨顿和德国实验胚胎学家博韦里各自在动植物生殖细胞的减数分裂过程中，发现了染色体行为与遗传因子行为之间的平行关系,认为孟德尔所设想的遗传因子就在染色体上,这就是所谓的萨顿—博韦里假说或称遗传的染色体学说。

在1901—1911年间美国细胞学家麦克朗、史蒂文斯和威尔逊等先后发现在直翅目和半翅目昆虫中雌体比雄体多了一条染色体,即 X 染色体,从而揭示了性别和染色体之间的关系。

1902—1910年,英国遗传学家贝特森等把孟德尔定律扩充到鸡兔等动物和香豌豆等植物中,并且创造了一系列遗传学名词:遗传学、同质结合、异质结合、等位基因、相引和相斥等,奠定了孟德尔遗传学的基础。

从1910年到20年代中期,美国遗传学家摩尔根、布里奇斯和斯特蒂文特等用果蝇作为研究材料,用更为明确的连锁和交换的概念代替了相引和相斥,发展了以三点测验为基础的基因定位方法,证实了基因在染色体上呈线性排列,从而使遗传的染色体学说得以确立。细胞遗传学便在这一基础上迅速发展。

从细胞遗传学衍生的分支学科主要有体细胞遗传学——主要研究体细胞,特别是离体培养的高等生物体细胞的遗传规律;分子细胞遗传学——主要研究染色体的亚显微结构和基因活动的关系;进化细胞遗传学——主要研究染色体结构和倍性改变与物种形成之间的关系;细胞器遗传学——主要研究细胞器如叶绿体、线粒体等的遗传结构；医学细胞遗传学，这是细胞遗传学的基础理论与临床医学紧密结合的新兴边缘科学，研究染色体畸变与遗传病的关系等，对于遗传咨询和产前诊断具有重要意义。

　　细胞遗传学是遗传学中最早发展起来的学科，也是最基本的学科。其他遗传学分支学科都是从它发展出来的，细胞遗传学中所阐明的基本规律适用于包括分子遗传学在内的一切分支学科。

名句箴言

古之立大事者，不唯有超事之才，亦必有坚韧不拔之志。

——苏轼

孟德尔与现代遗传学

十九世纪九十年代中期有一股反对魏斯曼时期的思潮。在这种新的严肃学风影响下，德弗里、柯仑斯和贝特森对孟德尔定律的阐释在相当大的程度上是描述性的，强调比值和分离现象。但是，几乎就在同时，有一些研究遗传现象的学者，尤其是那些具有细胞学基础的人，认为必须对孟德尔现象作出解释，更确切地说必须探索孟德尔分离现象的物质基础。就这些学者看来在染色体与遗传现象之间虽然有某种关系,但这种关系并不是所有的人都能接受。为了了解这种对立局面必须再一次指出遗传学这门新学科是从发育生物学派生的。魏斯曼、贝特森和摩尔根的原来概念框架都是胚胎学的。虽然先成论与后生论之间的争论似乎在一百多年前就以后生论的决定性胜利而告终,胚胎学家却仍然对哪怕是一丝一缕的先成论思想特别敏感。只要读到摩尔根在早期对孟德尔学说的议论或约翰逊对基因的议论就能感觉到他们对孟德尔的颗粒遗传学说的厌弃心情。

将他们的遗传学说奠基于物理力之上的学者们,例如,贝特森的动态涡流学说,认为遗传型体现了整体性与后生论的统一,和颗粒学说看来根本不相容。在孟德尔遗传学已经确立了很久之后还有一些遗传学家坚持这类"动态"学说。例如,戈德施米特直到19世纪的50年代仍然相信遗传力的"力场"和整个遗传型有规律的系统性变异的可能性,这也是一种整体性概念。约翰逊反对将基因定义为"形态结构"似乎也出自同一背景。

他们的对立面则赞成形态性颗粒遗传学说,但是对遗传物质是怎样在染色体中组织起来的却全然不清楚。在1890年代中期,建立遗传现象的染色体学说的事实根据已经具备,然而当时并不能由之建立起一个健全的学说。原因是多方面的：

(1)顾虑可能被看成是先成论者的学说。

(2)没有按个别因子来分析遗传现象。

(3)从1885年到1900年特别强调细胞分裂的纯粹机械作用方面。

(4)对纯粹的发育现象特别关注。传递遗传学涉及种群现象，而这是细胞学中的功能分析方法所无法处理的。

1900年以后，遗传学的发展受到一件偶然巧合事态的影响。年轻的美国胚胎学家威尔逊在欧洲的几次逗留期中对细胞生物学发生了极大兴趣，特别是受到他的朋友波弗利的影响。虽然当时他本人做过一些十分专门性的具有独创意义的细胞学研究，但更重要的是他将当时对细胞、特别是对染色体的知识进行了出色的综合，撰写了专著《细胞和发育与遗传》，这一专著在后来细胞学与孟德尔学说的综合上所起的积极作用比什么都重要。后来他的八篇经典性系列文章大大推进了对染色体的研究和理解，这些都对摩尔根的所有助手起了启迪作用。作为摩尔根的同事和至交，他对摩尔根本人也产生了深远影响。有充分的理由将威尔逊列为遗传学这门新科学的创始人之一。

虽然有不少学者在1890年代就表示他们认为染色体的染色质或核素就是遗传物质，但是单凭这一点还并不足以构成有实质性内容的遗传学说。只是到了1900年以后的10

年,才一点一滴地确立了孟德尔学说与细胞学之间的密切关系。推测和假定才被确凿的证据与无可挑剔的实验证明所代替。

要阐述这些证据或证明逐步集成的步骤很困难,因为染色体学说的历史和基因学说的历史交错在一起。只有主观地将这种连续性切断才有可能分别介绍这两者的历史。但是,应当强调的是,这里不只是为了教学的原因,而且也是从知识发展的历史角度的理由才将两者分开介绍,因为如果没有染色体学说在先,将很难发展健全的基因学说。

1900 年重新发现孟德尔定律,使情况发生了急剧变化。不仅由于这重新发现所激起的极大热情产生了非常多的研究成果或新发现,而且 1880 年代和 1890 年代的细胞学发现突然也显示了新的意义。孟德尔定律是遗传物质染色体结构的逻辑结果,这一构想多少是独立地由蒙哥马利,柯仑斯,瑟顿,威尔逊,波弗利几乎同时提出。尤其是瑟顿和波弗利为他们的结论提供了详细证据。这些学者有意识地将细胞学证据和遗传学论点结合起来的结果是形成了生物学的一门新学科——细胞遗传学,威尔逊及其学生是这门新学科的创始人。值得注意的是斯特体范特,布里奇斯,穆勒在加入摩尔根研究小组之前都是威尔逊的学生。

名句箴言

一本新书像一艘船，带领我们从狭隘的地方，驰向无限广阔的生活的海洋。

——凯勒

染色体学说

在细胞遗传学的历史上，没什么比证实了染色体的个体性和连续性更珍贵的。染色体在细胞分裂之间是见不到的，静止核仅仅呈现为轻微染色的颗粒或由细丝组成的网络。染色体在有丝分裂结束时完全溶解，并在下一轮有丝分裂周期开始时重新形成的论点似乎得到了显微镜观察的支持。这也正是一些有经验的细胞学家如赫特维克与费克一直到孟德尔时期仍然持有这一论点的原因。在细胞核静止期每个染色体保持其个体性和连续性的论点确实只是根据推论,不能直接观察到。如莱博首先明确地提出染色体的个体性和连续性的假说。他认为染色体溶解而成的染色质丝当细胞核进入静止期在下一轮有丝分裂开始时又重新合并成原来的染色体。这只是一个推论,所依据的资料很少,其中大多数是根据染色体的数目固定不变作出的推论。彼勒登和波弗利随后都声称这一推论的优先权属于他们。毫无疑问波弗利为染色体个体性学说比其他人提供了更具决定意义的证据。早在 1891 年他就讲过,"我们可能通过组成细胞核的某一指定染色体去鉴别由静止核产生的每个染色体。"他由之便作出了著名的结论:"从受精卵的正常分裂过程中所有细胞的染色体一半必定来自父本,另一半来自母本。"

经由细胞核静止期的连续性以及每个染色体的个体性,在今天看来不过是一件事物的正反两个方面,然而在 1890 年代却并不如此。魏斯曼及其他人以为每个染色体含有一个物种的全部遗传特性,也就是说他们不承认孟德尔意义上的染色体的个体性。但是,如果一个染色体只含有个体的一部分遗传物质,每个染色体就会和其他染色体不同,也就是说它必定具有个体性。换句话说,如果每一染色体和其他的不同,就必须论证其连续性和个体性。

关于染色体的连续性问题蒙哥马利和瑟顿都提供了肯定证明。他们指出在有丝分裂和减数分裂中有些染色体是可以个别分辨的,具有同一特征的染色体在每次细胞分裂中都一再出现。此外,他们还指出在第一前期中两个相同的染色体配对,但在减数分裂时彼此又分开。这样一来就得出了这样的结论,每个物种的染色体组含有成对的同源染色体,其中一个来自雌配子,另一个来自雄配子,这已由彼勒登于1883年观察到。从受精开始经过无数细胞分裂直到形成新配子以前的减数分裂,这些染色体显然保持着它们本身的同一性。瑟顿在他的文章结尾的结论是:"父本和母本染色体结合成对以及随后在减数分裂时分开,可能构成孟德尔遗传定律的物质基础"。第二年他又将这一思想加以展开。

上述这些观察并不能完全排除形态上不相似的染色体也具有相似遗传性质的可能性。波弗利通过独出心裁的实验否定了这种可能性。在一种具有36个染色体的海胆中波弗利通过适当处理在头四个子细胞中能够得到会有各种不同数目染色体的胚胎。然而在所有这些胚胎中只有子细胞含36个染色体的能够正常发育。波弗利从这一事实得出的结论是,每个染色体具有"不同性质",只有当所有这些性质恰当组合时才能正常发育。

现在已很清楚地证实染色体与遗传性状都遵从同一规

律,即它们也显示分离与自由组合现象。瑟顿和波弗利公开地或含蓄地提到基因位于染色体上,每个染色体有其特殊的基因组。很明显,尤其是瑟额和波弗利所阐明的,这就是一个全面的染色体遗传学说,是从细胞学证据和孟德尔性状的自由组合现象推论得出的。它似乎能够解释孟德尔遗传的全部现象。

奇怪的是,"瑟顿—波弗里染色体遗传学说"的重要意义和普遍适用性起初完全没有被承认。不仅贝特森和戈德米特拒不接受而且其他一些知名的生物学家也迟至1930年才承认。一部分原因是因为此学说是根据观察作出的推断。摩尔根就曾说过他不接受"不是依据实验"作出的结论,约翰森也曾讲过类似的话。事实上瑟顿—波弗利学说大部分是根据实验得出的,摩尔根对此学说的抵制显然还有更深层的原因。

染色体具有静止期的连续性到了1910年已有大量证据证明,它们的个体性的证据主要是波弗利的实验。起初并没有明确的证据证明某个特殊性状和一个特定的染色体有关。性别决定是首先提出这种证据的遗传性状。最彻底的证据最后来自连锁图。

名句箴言

学不可以已。青，取之于蓝，而青于蓝；冰，水为之，而寒于水。

——荀子

性别决定

人的性别到度是由什么决定的？这个问题从古希腊时就有各种各样的猜测。我们现在知道早期的有关学说都是错误的。有的说是由胚胎在子宫的左边或右侧决定，有的说是由精子来自左睾丸还是右睾丸决定，还有的说是由精子的数量、雄性或雌性体液的"热力"等等决定。这些学说的共同点是性别并不是由遗传决定而纯粹取决于与受精动作巧合的环境因素。虽然后来发现了性别的遗传基础，但是某些著名的胚胎学家和内分泌学家则仍然坚持环境决定论达数十年之久。我们在后面还要介绍某些生物的性别确实不是由遗传决定的。

　　某些明睿的孟德尔主义者并没有忽视这样一个事实，即 1∶1 的性比和一个杂合子与一个纯合隐性杂交所得到的比值完全相同。孟德尔在 1870 年 9 月 17 日给内格里的信中就已经提到这一点。其他学者在 1900 年以后也提出了相同的看法，然而柯仑斯却首先提出实验证据指出雌雄异株植物根属的一半花粉是决定雄株的，另一半是决定雌株的，而所有的卵生性别决定上则不分雌雄。在这种情况下雄性是杂合的，按威尔逊的术语是异型配子的，雌性是同型配子的。后来证明鸟类和鳞翅目昆虫的雌性是异型配子的，而哺乳类和双翅目昆虫的雄性也是异型配子的。这样看来，性别是否可能和某一特定的染色体有关？后来逐渐积累了大量证据证实了这种设想。

　　从染色体研究一开始就观察到一切染色体在外观上并不一定必然完全相同。享金于 1891 年在昆虫红椿减数分裂时发现有一半精子具有 11 个染色体，另一半精子除了这 11 个染色体外还额外有一个染色很深的物体。由于拿不准它是不是染色体，享金将之用字母 X 表示。享金并没有将这 X 体与性别联系起来。

在其后的 10 年中发现了更多的情况表明确实有这样的额外染色体,或者有一对染色体在大小、染色性能或其他特征上与其余的染色体组不同。因为已经观察到红椿的一半精子具有 X 染色体而其他的一半精子没有,麦克朗道就据此作出如下的推理:"我们知道将一个物种的成员分为两类的唯一性质就是性别,因此我推断这附属染色体就是决定胚胎的生殖细胞继续发育并使略有变化的卵细胞变成高度特化的精子的要素。"也就是说这些多少不寻常的染色体是性染色体,起决定性别的作用。但是麦克朗道这一结论的某些细节是错误的。斯蒂芬和威尔逊不久就正确地确定了性染色体在确定性别中的作用。

性别决定有很多不同的模式,有时涉及多重性染色体,有时雄性是杂合性别而在另一些情况下杂合性别却是雌性。所有这些细节可参考遗传学或细胞学的任何一本教科书。重要的一点是,论证了一种表现型性状即性别和某一特定的染色体联系在一起。

这是对这类联系的首次决定性证明。在随后的岁月中大多数遗传学研究都是为了论证其他性状与性染色体或其他染色体之间的关系。这类研究充实了染色体遗传学说,其带头人就是摩尔根。他们的研究最后否定了一切染色体在遗传功能上都是相同的学说。这一学说在 1900 年以后还一直很流行，虽然当时已经发现不少物种的染色体的大小极不一致。19世纪八九十年代有一些生物学家之所以坚持这一不可信的学说很可能是因为在有些物种中所有的染色体的确很相似。

在染色体的个体性已经得到证实并且至少发现了一种性状和特定的染色体有关之后，遗传学家便得以集中力量探索更深入的关于染色体和性状的问题，或者用约翰逊的话更具体地说，就是染色体与基因之间的关系问题。染色体是不是作为一个整体来控制全套性状？个别的基因是不是位于染色体的特定部位？如果不同的基因处于同一染色体或位于不同的染色体上，它们之间的相互关系怎样？这些问题在一个比较短的时间内都取得了答案，这些答案是通过巧妙的遗传学实验并不断用细胞学证据来检验而取得的。这些实验总是从相当简单的孟德尔现象开始。

名句箴言

君子之学，死而后已。

——《顾炎武文集》

摩尔根与他的果蝇实验

1866年9月25日，摩尔根生于美国肯塔基州的列克辛顿。从小他就对生物颇感兴趣。1880年，他进入肯塔基州立学院学习生物学，1886年获得动物学学士学位。摩尔根的研究兴趣极为广泛，他一生的科研工作总是在生物的进化、遗传和发生等广阔的领域里不断地交换着研究课题。在1910—1935年期间,他集中研究果蝇的遗传问题。在 1935—1945 年期间,他研究胚胎学及其与遗传和进化的关系。

摩尔根不仅对于果蝇的遗传学研究最负盛名,同时他对于胚胎学、细胞学以及进化论的研究也都作出了显著贡献。为了表彰他在创立染色体遗传理论方面的功绩,摩尔根被授予 1933 年度的医学或生理学诺贝尔奖金。摩尔根的功绩不仅是在染色体遗传理论方面和胚胎学方面所取得的重大成果,而且在实验方法上,他首次把定量分析方法应用于解决生物学问题,这就促使遗传学很快地有了飞跃的发展,并为现代的新兴科学——基因工程奠定了基础。

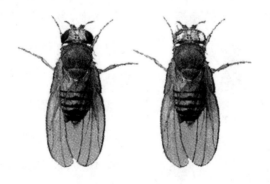

白眼雄蝇(右)与红眼果蝇

摩尔根是于 1908 年前后开始养殖果蝇的。1910 年,他在一个培养瓶里,偶然在一只雄果蝇身上发现了一个细小而明显的变异:一般的果蝇都是红眼,而那只变异的雄果蝇却是白眼。摩尔根让这只白眼雄果蝇与红眼雌果蝇进行交配,结果所得到的后代都是红眼。在子一代中进行兄妹交配而产生子二代,其中发现了一些白眼果蝇。摩尔根惊奇地注意到,所有的白眼果蝇几乎绝大部分出现在雄性身上,偶尔也会出现一只白眼雌果蝇。

摩尔根把白眼果蝇的出现,称为性别连接,意思是说,白眼基因是被连接在性染色体上的。后来,摩尔根的性别连接观点被证明可以适用于一切有性生殖的生物体,并能说明许多其他模糊不清的遗传类型,包括人的红绿色盲和血友病。摩尔根的果蝇研究成果,第一次揭示出一种或多种遗传特性与某一特定的染色体的明确联系。

总之,摩尔根发展了孟德尔的遗传学理论。他在以果蝇为材料进行的实验遗传学的研究中,发现了伴性遗传的规律。他和他的同事们在发现连锁、交换和不分离现象等的基础上,发展了染色体遗传学说,认为染色体是孟德尔式遗传性状传递机理的物质基础。

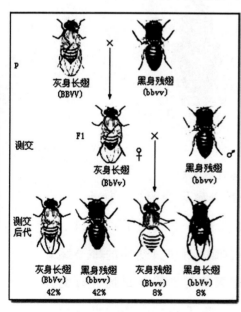

雌果蝇的连锁交换遗传

摩尔根进一步创立了基因学说,认为基因是组成染色体的遗传单位,并且证明基因在染色体上占有一定的位置,而且呈直线排列。他还认为,在个体发育中，一定的基因在一定的条件下，控制着一定的代谢过程，从而体现在一定的遗传特性和特征的表现上，基因还可以通过突变而发生变化。他在遗传学方面的著作有《基因论》《孟德尔式遗传机制》等。

摩尔根于 1945 年 12 月 4 日逝世于美国加利福尼亚州的帕萨迪纳。

下面我们就来细说这个白眼果蝇的故事。

果蝇这种实验材料是 1908 年在纽约冷泉港卡内基实验室工作的卢茨向摩尔根推荐的。这是一种常见的果蝇，学名称为"黑腹果蝇"。

实验材料的选取往往是决定研究工作成功与否的关键，它在遗传学发展史中表现得尤为突出，不仅是在摩尔根选用果蝇，还有孟德尔选用豌豆，以及后来分子遗传学家们选用真菌、细菌和噬菌体都生动的证明了这一点。可以说，遗传学发展史中，每一次实验材料的选取都导致了一次学科发展的飞跃。以哺乳动物为实验材料，饲养管理一般都较复杂，生长期又长，而且由单基因控制的性状少而难寻，所以，一般不适合遗传学理论研究。这也许就是遗传学基本定律首先从植物中发现的主要原因吧。而果蝇体型小，体长不到半厘米，饲养管理容易，既可喂以腐烂的水果，又可配培养基饲料，一个牛奶瓶里可以养上成百只。果蝇繁殖系数大，孵化快，只要 1 天时间其卵即可孵化成幼虫，2—

3天后变成蛹,再过5天就羽化为成虫。从卵到成虫只要10天左右,一年就可以繁殖30代。果蝇的染色体数目少,仅3对常染色体和1对性染色体,便于分析。作遗传分析时,研究者只需用放大镜或显微镜一个个地观察、计数就行了,从而使得劳动量大为减轻。

在野外采集到的果蝇,眼睛都是红色的,称为"野生型"。1910年5月,摩尔根在实验室里饲养的一群红眼野生型果蝇中,发现了一只白眼果蝇。摩尔根独具慧眼,立刻认识到这只白眼果蝇的巨大价值。晚上他把这只珍贵的白眼果蝇带回家,放进床边的广口瓶里之后,才安心睡觉,白天再把它送回实验室去。在实验室里,摩尔根使这只白眼果蝇与尽可能多的野生型红眼雌果蝇交配,十天后产生了1240个子裔,形成了一个庞大的果蝇株系。

白眼雄蝇与红眼果蝇杂交,子一代全是红眼果蝇。子一代自交,子二代的结果完全是孟德尔式的,其中红眼果蝇2688只,白眼果蝇728只,两者比率约为3.4∶1,而约占1/4的白眼果蝇则全是雄性个性。摩尔根的这一结果,以"果蝇的有限性遗传"为题发表在1910年7月22日出版的《科学》第32卷第120页上。如果没有后面的结果,则摩尔根的发现只不过是孟德尔学说的又一例证,说明孟德尔学说也适用于昆虫。而后面的结果表明,白眼基因与性别有关,这里面就有新的东西了。摩尔根在论文中没有急于宣布眼色基因一定与性染色体相关联,只不过说,眼色基因的分离与两条性染色体的分离一致。他在该论文中的解释略显复杂,也存在一些细节上的错误,但结论是正确的。同年及翌年,摩尔根又连续发表了两篇论文,终于把基因与染色体的关系确定无疑地联系在一起了。

摩尔根指出:如果假定控制眼色的基因位于 X 染色体上,而 Y 染色体上则不带控制眼色的等位基因,那么实验结果就能得到完满的解释。红眼基因(+)是显性,带有红眼基因的 X 染色体用 X^+ 表示;白眼基因(w)是隐性,带有白眼基因的 X 染色体用 X^w 表示。基因型为 $X^w Y$ 的雄果蝇,由于 Y 染色体上没有控制眼色的基因,隐性基因得以表现,所以是白眼果蝇。当白眼雄果蝇与野生型雌果蝇 $X^+ X^+$ 杂交,子一代的基因型是 $X^+ X^w$ 和 $X^+ Y$,即雌雄果蝇都为红色复眼,且雌果蝇是杂合体。子一代个体相互交配,结果是在子二代中有 3/4 是红眼果蝇,1/4 是白眼果蝇。雌果蝇全为红色复眼,但其中有一半是纯合体,另一半为杂合体。雄果蝇则红眼、白眼各占一半。

前面已经谈到,将遗传物质与染色体联系在一起,在耐格里、魏斯曼时就早已有之,鲍维里、德弗里斯和萨顿甚至把这种联系描述得十分详细。但这些人所谈的联系都仅仅是推测,并没有将某一个具体的基因定位在某一条染色体上。摩尔根却做到了这一点,他把红眼等位基因和白眼等位基因定位在 X 染色体上，并用实验证实这些基因是由 X 染色体携带着遗传的，这就使基因在染色体上的假说有了坚实的基础，而且还是把一个特定的基因归属到一条特定的染色体上，更有甚者提出这条特定的染色体还与性别有关。

白眼果蝇在基因学说的发展史上起了不可估量的作用，以致引起关于最初那只白眼果蝇来历的争论。向摩尔根推荐果蝇作为实验材料的卢茨，曾出版过一本富有魅力的书《多样性的昆虫》。他在该书中声称："摩尔根教授访问我们研究所时，我曾对他提及，在我繁衍的一个血统清楚的果蝇株系中，出现了一只白眼果蝇。但因忙于异常翅脉果蝇的研究而无暇顾及白眼果蝇。摩尔根要走了这只活的白眼果蝇并使之繁殖，终于使白眼果蝇在后代重新出现。我讲这些话，绝非自夸。如果我当时意识到那只白眼果蝇会成为价值无比的珍品，也许就不会把它赠送给别人了。然而，我是把它送给了一位杰出的研究者。实际上，黑腹果蝇应该称为摩尔根的遗传果蝇。"

摩尔根不承认最初这只活的白眼果蝇来自卢茨，一个相信卢茨的读者在美国《遗传杂志》上发表对卢茨一书的书评，摩尔根立即作出了回答，但却是略带暧昧的回答。他写道，自己确实向卢茨要过果蝇的饲养品系，但是，其中并没有卢茨所说的白眼果蝇，卢茨虽然发现过一只白眼果蝇，但当时就是死的,也不包括白眼果蝇的先代。如果先代中带有白眼果蝇基因,虽然先代本身是红眼,但后裔中总有可能分离出白眼果蝇来。实际上,卢茨所赠的果蝇株系,其后代中未出过白眼果蝇。后来也了解,白眼是果蝇中最常见的一种突变型。"与应用这一突变型材料作出科学发现相比较,发现白眼突变型本身则并不是那么重要。"

上述摩尔根所说的最后这一句话无疑是对的,且不论最初那只白眼果蝇的来历如何,摩尔根以它作为实验材料,在遗传学史上第一次证明了基因位于染色体上,并且发现了伴性遗传规律。因此,这个白眼果蝇的故事不仅仅是一个戏剧性的插曲,而是值得大书特书的一项重大的研究进展,它开创了摩尔根基因学说的先河。摩尔根于 1909 年开始培育果蝇。他对德弗里的月见草突变的印象很深,并试图通过不同的化学药品、不同温度的处理以及钙和 X 线辐射在他所培养的果蝇中引起突变,但是都未成功。然而在他的果蝇系谱培养中有一个白眼雄蝇出现在红眼果蝇的正常种群中。

这一个简单的事实,在实验室培养中出现了单个异常的个体,却引起了一场名副其实的雪崩式的研究热潮。首先提出的问题是,这个"白眼"性状是怎样产生的。将这一罕见的白眼雄果蝇与同一代的雌果蝇交配,摩尔根发现虽然 F1 代都是红眼,但在 F2 代又出现白眼雄蝇,这表示白眼的遗传因子是隐性，它必然是由红眼基因骤然变化所产生的。摩尔根在几年前曾访问过德弗里在荷兰的实验室，也认为这新等位基因的起源采用了德弗里的"突变"这一术语。由于德弗里的进化突变学说以及月见草突变的染色体性质，这一术语的转移引起了不利的后果，在随后的二三十年中造成了一定的思想混乱。然而遗传学家和进化论者最后都习惯了摩尔根赋予"突变"这词的新含义。

在生物学的历史上还很少有像摩尔根与他的同事一道工作那样亲密无间。因此很难确定摩尔根实验室的大量研究成果或发现究竟应归功于谁。有些历史学家倾向于将几乎所有的功绩归之于他的学生和同事。这未免太过分。应当记住自从摩尔根于1910年7月发表他的关于果蝇研究的第一篇文章以后的两年中他连续发表了13篇有关20多个果蝇性连锁突变型的发现与行为的文章。在发现白眼后不久又发现了两个性连锁隐性突变型："翅发育不全"，"黄色体色"。毫无疑问摩尔根在很早就阐述了孟德尔遗传的大部分机制，这些都是他本人所作的贡献。正如穆勒所说的："无论将来会怎样重写和重新评价果蝇研究开始阶段的历史，摩尔根对交换现象的论证以及基因相距愈远交换也愈频繁的观点就像一声春雷，其重要意义绝不下于孟德尔学说的发现，这一点必然仍旧会被公认。"我在这里所要强调的是摩尔根本人单独地对连锁和交换问题作出的贡献，因为以后的讨论重点放在问题上而不是果蝇实验室中每个人的特殊贡献。摩尔根和他的同事在哥伦比亚大学的"果蝇室"中培养了成千上万的果蝇。他们在仔细审查这些果蝇中发现了新的突变不断出现。摩尔根很快从哥伦比亚大学的未毕业学生中挑选了斯特体范特和布里奇斯两人到他的实验室工作,后来穆勒也参加了这个研究小组。这个小组的亲密协作是生物学中的一段轶史佳话:"在科学实验室中过去很少有如此激动人心的气氛和如此持续的热情。这主要是由于摩尔根本人的态度,他将热情和批判精神融合在一起,大度、胸襟开阔并具有幽默感。"

在短短的几年之内传递遗传学的一切主要方面都被摩尔根和他的小组阐明清楚。凡是贝特森、德弗里、柯仑斯,凯塞尔以及其他早期的孟德尔主义者所没有找到的正确答案都由摩尔根小组出色地完成了。其所以如此,一个重要的原因是摩尔根虽然是胚胎学家出身,但是他将基因生理学和个体发生问题扔在一边,审慎地倾注全力于传递遗传学。他没有去臆测遗传定律而是探究事实和这些事实的最简单的可能解释。

一、等位基因

孟德尔充分了解表现型性状是成群出现,在他所选用的性状中则是成对出现。1900 年以后的研究工作证实了对应于某个表现型状的物质基础可以有二者择一的表现形式或表达。将之直译成希腊文，这些二择一的决定因子就是相对基因或等位基因。孟德尔遗传中这样的一些表现型性状的二择一定子的发现便对变异的起因问题能作出完全新的解释。这使人联想起豌豆的光滑对皱皮、黄与绿，或者其他的类似成对性状可能有相同的物质基础。等位基因所表现的性状应当是同一遗传物质的两个译本。

1904 年法国库恩奥在家鼠中发现一组性状可能有两个以上的等位基因。例如在家鼠这一特殊情况下其皮色可能是灰、黄、黑色。贝特森、凯塞尔、谢尔、摩尔根以及其他遗传学家后来也发现了这类复等位基因现象。人类的 ABO 血型就是人所共知的例子。斯特体范特首先解释了复等位基因现象，将之归因于同一基因的各种可供选择到状态。这完全否定了贝特森的基因作用的或有或无学说。在某些特殊情况下，一个基因有 50 个以上的等位基因，例如，牛的血型基因以及植物的某些亲合性基因、脊椎动物的组织亲合性基因。和孟德尔定律相符，在某一配子中永远只有单个等位基因，但在受精时它能够和存在于种群基因库中的许多不同的任何一个等位基因结合。在遗传学历史上后来还发现在某些杂交中基因的行为与等位基因相似，而在其他杂交中则并不如此。

摩尔根研究小组对果蝇的白眼基因以及果蝇的其他突变型的研究,明确地证明了一个基因可以突变成另一个等位基因,后者又能突变成第三、第四个等位基因。同样值得注意的是,这些突变步骤是可逆的,白眼果蝇偶尔也能产生红眼后代。也许最重要的发现是某个基因一旦产生了新等位基因,这新的等位基因就一直保持不变,除非其后代之一发生了新突变。因此基因的特点是,它的几乎完全稳定性。基因突变的发现并不是退回到软式遗传,恰恰相反,这证实了遗传物质是基本固定不变的。可以这样说,这是硬式遗传的决定性证明,即尽管遗传物质不仅具有内在的稳定性,然而它又具有进化演变所容许的突变能力。

很快就证实了一切其他生物都能突变,从人类和其他哺乳动物到最简单的动物、各种植物,甚至微生物。事实上从 1920 年直到 1950 年研究突变似乎是最有希望的、能阐明遗传物质本质的研究路线。突变过程的研究同时也提出了一些难于解答的问题。在突变时基因究竟发生什么变化? 能不能在控制条件下产生变异? 德弗里早在 1904 年就提到"X 射验和镭射线都能穿透生物细胞,可以用来改变生殖细胞中的遗传颗粒"。自从 1901 年以后一直试图通过 X 射线,镭射线,温度骤变,或化学药品等办法诱发突变。由于各种技术上的缺陷,起初都没有得到明确结果。最后,通过穆勒百折不挠和独创的精神及倾注全部心血进行的研究一直到 1927 年才取得成功。

二、减数分裂

1902 年以后,虽然有一些生物学家随意谈论染色体遗传学说,但是它的准确含义究竟是什么当时并不十分清楚。大多数人指的是茹提出的意见,即各个不同的遗传因子在染色体上的直线排列。然而这并不是问题的全部。细胞学家在 1870 年代到 1890 年代发现了许多肯定与遗传有关的染色体现象。1900 年以后对这些现象进行了系统研究,尤其是摩尔根研究小组在 1910 年以后的研究,这大大促进了染色体学说的发展。

下面从染色体在配子形成时的行为开始介绍。卵子的细胞核和精子都是"单倍体",也就是说它们具有的染色体数目是体细胞染色体数目的一半。在配子形成时染色体数目是怎样减成一半的而且这又怎样会影响遗传?

三、交换

由于任何生物的性状及决定这些性状的遗传因子远远超过它所含染色体的数目,所以从一开始就有人认为每个染色体必定携带有几个基因。这一点很快就被摩尔根研究小组证实。然而连锁群的发现又提出了新问题。如果一个染色体上的所有基因都紧密地连锁在一起，那么一个生物将会只有它所含有的染色体的数目那样多的独立遗传单位。这就会对重组施加极大的约束。德弗里在研究 F2 代杂种时所得出的结论是，F2 杂种重组的可能机会远不符合全面连锁的观点。因此他提出在减数分裂的第一前期中，成对的亲本染色体发生"单位交换"。至于"有多少和哪一些则可能纯属偶然"，这表明交换总是相互交换。波弗利也曾预言过这类交换。遗传学分析很快就证明了同一个染色体上的基因连锁是不完全的。贝特森，桑德斯，庞尼特首先进行了这类观察研究。在香豌豆的两个变种杂交后的 F2 中，他们既没有得到预期的 9：3：3：1 的比值，也没有发现简单的 3：1 比值，却发现了 69.5％ 的双显性个体，19.3％双隐性个体，以及两类 5.6％杂合子。显然这两个性状的基因既不自由组合又非完全连锁。贝特森曾提出过一个特别假说来解释这一现象，但由于他不相信染色体学说，所以也就没有考虑交换。

过去常常有人提起孟德尔没有遇到连锁现象真是一件怪事。豌豆只有 7 对染色体，孟德尔也正好研究了 7 对性状。它们没有连锁起来是不是运气好从而为孟德尔减少了一项额外的麻烦？看来并不是这样。我们知道孟德尔在正式着手他的豌豆试验之前曾经花了几年时间进行预备杂交试验,他很可能将在几代不显示自由组合的一些性状弃置不顾。也可能是他由之取得试验材料的种子商偏爱自由组合的那些性状。最后,某些基因的基因图距足够大,即使是都处在同一个染色体上也能显示自由组合现象。

当摩尔根研究小组开始集中力量分析果蝇的遗传结构时,不符合完全连锁的例外情况成为一个严重问题。摩尔根及其同事发现,断裂连锁的幅度很大,有时可以低至1%,这样的变异性怎样解释?

举一个特殊情况为例。有一组三个隐性基因黄色,白眼,小翅位于果蝇的 X 染色体上。如果一个具有这三个基因的雄蝇和一个正常雌果蝇杂交,可以预料这三个隐性基因将以连锁群的形式在 F2 代中出现。实际上黄色和白眼的连锁在果蝇中有 1.3% 断裂,白眼小翅连锁有 32.6% 断裂,黄色小翅连锁有 33.8% 断裂。怎样解释这些数字?

这些例外情况的数值通常多是按德弗里提出的单位交换的随意性这种偶然过程来解释。但是根据 1900 年代早期的细胞学研究可以作出不同的答案。自从波弗利和赫特维克那具有开拓性工作以来的 20 年中,对减数分裂细节的研究已取得长足进展。在第一前期中染色体的变化至少可以分为六个阶段。其中有一个阶段两个成对的染色体仍然很细,但是每个染色体已分开成染色质丝,即所谓四线期。这两个染色单体彼此反复交叉形成波状环。

比利时细胞学家简森斯指出,当四个染色单体彼此盘绕在一起时,一个父本的和一个母本的染色单体可以在它们彼此交叉处断裂,断头在重新连结时总是父本单体的断头连在母本单体的断头处,反过来也是如此。另两个染色单体仍然保持完整。这样一来就形成了一个"交叉",在减数分裂第一前期的后期阶段是成对的两个染色体保持接触的地点。按简森斯的观点交叉表示一个父本的和一个母本的染色体的交换。最后结果将是一个由父本和母本染色体的片段组成的新染色体。摩尔根小组所研究的不完全连锁和简森斯的观点相符。

交换过程是如此复杂以致差不多花了 30 年时间最后才能决定哪一种解释是正确的。然而现在已充分证实交换发生在四线期,涉及四个染色单体中的两个单体。另外还证实在四线期一开始就发生交换。

摩尔根和他的助手斯特体范特认为,源于交换的不完全连锁的份额表示遗传因子在染色体上所处位置之间的直线距离。染色体在两个基因之间断裂的机会取决于这两个基因在染色体上的距离,距离愈近,断裂机会愈少。根据这一推理斯特体范特推算了基因在染色体上的位置和顺序并制出了普通果蝇的 X 染色体的第一份染色体图。他由之证实了当时所知道的这一染色体上的基因是沿着染色体作线性排列的。

　　在早期的实验中有一些结果相互矛盾。穆勒指出,在一个长染色体上可能发生双交换,而且交叉的存在将干扰在染色体上与交叉邻近处的进一步交换。考虑到这两种新发现的现象就排除了上述矛盾,摩尔根的一些反对者正是利用这些矛盾来怀疑交换学说的正确性。

　　遗传现象的染色体学说现在已经可以用基因学说来补充。1915年前后摩尔根及其同事研究了一百多种突变型基因。它们分成四个连锁群,和果蝇的四个染色体非常一致。连锁群的染色体实质的间接证明至此便告完整。然而一直到1931年斯坦才运用某些异常基因为交换提供了细胞学证明。同一年克莱顿和麦克林托克在植物方面也提出了类似证据。后来玉米成了细胞遗传学的优良研究材料。虽然它没有后来在果蝇研究中非常有利的巨型染色体,但是它所含有的全部十个染色体在形态上都不同,而且有时还有额外的染色体存在。麦克林托克利用玉米的这些特点进行了30多年艰苦而又出色的研究来解释基因的作用。这一解释虽然内容丰富又独到见解,却一直等了很多年,在分子遗传学家得到了相同结论之后才被举世公认。

　　这里所介绍的有关交换现象的历史是过于简化的,漏掉了很多复杂问题。例如交叉的实质一直长期争论不休。每一染色体臂上的交叉数目极不一致,事实上在某些情况下并没有交换现象,例如雄果蝇。关于第一次减数分裂中染色体的确切复制时间以及形成交叉的确切时间,甚至交叉的存在是否总是表示交换现象都有很多争议。最重要的是,染色体中不同的染色单体的行为更是众说纷纭莫衷一是。因而作为解释交换现象的简森斯和摩尔根的断裂并合学说并不被某些学者接受,例如,贝林又另行提出了"副本选择"学说,维克里提出"基因转变"学说。虽然这两种学说最后都没有得到公认,却促使人们进行了大量试验从而对交换现象以及基因的本质有了更深入的了解。现在还没有这三种学说的比较研究历史著作。对这些技术上的详细情况必须参阅细胞学和遗传学教科书。重要的是,一切看来是例外的情况最终都能按经典染色体学说加以解释。

对进化过程来说由交换而实现的染色体重建非常重要。它是父本和母本基因相混合的有效机制,并通过产生基因在染色体内的新组合来提供非常丰富的新遗传型以便自然选择发挥作用。

染色体另外一个作用是能促进重组,即在成熟分裂的减数分裂中父本和母本染色体的独立运动。1902 年以前普遍认为父本和母本的染色体组作为各自的单独单位运动。例如某些学者以为在卵细胞的成熟分裂时所有的父本染色体都以极体的形式被排除,然后通过受精由来自父本的新染色体组代替。如果真是这样,单性生殖卵在成熟时就不会产生极体,然而波弗利证明单性生殖卵不仅产生极体,而且极体形成的方式和有性生殖卵的没有什么不同。另外，杂合的雌体产生具有父本基因的配子。最后，克莱顿发现在具有大小不同的染色体组的物种中，较大的染色体随意向两极运动。这是父本的和母本的染色体组并不作为单一的单位进行分离的决定性证据。然而有一种罕见的遗传现象、"减数分裂驱动"，阻止染色体任意移向两极。这能说明在某些情况下种群中保存了在其他情况下有害基因的现象。

所谓天才人物，指的
就是具有毅力的人，勤奋
的人，入迷的人和忘我
的人。

——木村久一

名句箴言

遗传学与社会发展

新一代的基因学

　　遗传学发展的历程可分成两个时期。1950 年代以前，以杂交为主要实验方法，通过观察比较生物体亲代和杂交后代的性状变化，进行数量分析，从而认识与生物性状相关的基因及其突变与传递的规律。这是遗传学的杂交分析时代，即从生物体的性状改变来认识基因，是谓正向遗传学。1950 年代以后，遗传学急剧地演变为运用物理学和化学的原理和实验技术，直接解剖基因的物质结构，并在分子水平上揭示基因的结构和功能，以及两者之间的关系的学科。这是遗传物质分子分析时期，即从基因的结构出发，认识基因的功能，是谓反求遗传学。

基因始终是遗传学研究的对象。基因融入了生命科学的各个学科，各个学科的发展又推进了对基因结构和功能的认识。在这种情况下，生命科学的各个学科几乎都与遗传学形成了交叉学科，如细胞遗传学、生化遗传学、神经遗传学、发育遗传学、进化遗传学乃至生态遗传学等。遗传学研究逐渐被其他学科所"蚕食"，遗传学的固有"边界"正模糊地趋于消失，但这并不意味着遗传学在消亡；恰恰相反，这正标志着遗传学面临着又一次迅猛发展的大好形势，那就是基因组学的出现，把遗传学的研究推向了新的高潮。在此基础上，遗传学将以新的面貌——基因学出现。

基因学是在 DNA 分子的结构和功能基础上阐明生物遗传现象的一门学科。它既承袭了遗传学的成就，又包括了基因组学的研究内容。

基因组学是罗德里克 1986 年提出的一个新名词，当年即被用作麦库西克和拉德尔主编的一本新杂志的名字。基因组学依据其研究的侧重点,可分为结构基因组学和功能基因组学。从词义上看,基因组是包含了整套染色体上的基因及非基因的 DNA 序列,基因组学所研究的基因组的结构和功能,应该涵盖了对基因的结构和功能的研究。因此,基因组学似乎涵盖了基因学。其实不然,而恰恰是正好相反。因为基因组学是在大规模和高通量的水平上克隆分离基因和分析其结构,并在基因间相互作用的网络中来认识基因的生物学效应,这并不有悖于基因学的研究内容。大批克隆和分析基因只是在时间尺度上缩短了单个基因操作所花的时间;相互作用形成的复杂性,最终还是要在了解构成网络的每一单个组成成分的功能后才能得到解析。所以,最终还是落实在对每个基因的研究。

至于基因组中非基因 DNA 序列或非编码序列的研究,也离不开对基因的研究。非编码序列如果有生物学功能,则一般不外乎通过两种途径来实现。一是作为积累不引起突变的核苷酸变化的"蓄水池",形成核苷酸序列的多态性,并在进化过程通过易位、转座等方式,形成有功能的新基因;或是改变原有基因的结构而引起功能突变。另一条途径则是通过增强子、弱化子、启动子等形式调节控制原有基因的表达和活性。归根到底,非基因序列如果真的具有生物学功能,也一定是通过形成新的基因或是影响现有基因的表达来实现的。这说明基因和基因组是一个整体,基因组的功能是通过一个个基因的功能来实现的。换句话说，只有真正弄清了每个基因的功能，才是认识基因组功能的基础。从这个意义上说，基因学的研究包含了基因组的研究，基因组学是基因学的组成部分。

基因学通过直接研究基因的结构和功能，揭示出新的遗传现象及其规律，而将传统的遗传学研究推向深入。例如，目前除已认识的遗传方式如显性、隐性、共显性和伴性等外，还发现了三核苷酸重复序列扩增的动态突变引起的早现遗传或遗传早现现象。在无临床症状的正常人的基因或基因组中，都存在三核苷酸重复序列；当重复拷贝数超过某一阈值时，正常基因变成致病基因；而且，重复拷贝数在传递给下一代时总有增加的趋势，结果子代的拷贝数更多，发病年龄提前，症状加重。这种现象需要在 DNA 水平上加以研究，现已提出了若干假说，如突变使编码产生的蛋白质变成酶的作用底物，从而生成异常的产物；或是改变了的蛋白质产物阻遏了正常的酶活性，最终导致疾病的发生。在基因表达过程中，还有一些表观遗传现象，如基因组印迹、RNA 编辑、蛋白异构体引起类似显性遗传，以及蛋白质自我复制和传递遗传信息的假象等，也都属于基因学研究的范畴。

基因学的实际应用范围也将比遗传学有所扩大。除了单个基因表达产物的应用、增删生物体内单个基因，以及人为地加速自然选择进程达到育种的目的以外,还可发展基因组工程:将成批基因组合起来协调发挥作用,在组织、器官和个体克隆的基础上,实现不同来源的高等生物基因组的拼接,构建一个杂合基因组,创造出自然界中没有的、自然进化也无法产生的、全新的人造高等生物。

遗传学与优生学

从人到简单微生物的所有生物体,都由蛋白质和核酸组成;蛋白质都是由同样的 20 种氨基酸连接而成的,核酸则都是以同样的 4 种核苷酸连接而成。三个核苷酸组成一个遗传密码子,决定一种氨基酸,决定了核苷酸的线性序列同氨基酸的线性序列之间的对应关系。除极个别例外,所有生物的遗传密码都是相同的。于是,不同的核苷酸序列构成了不同的基因,不同的基因产生不同的蛋白质,不同的蛋白质决定生物的不同性状或不同特性。一个生物体的全套基因,也就是生物体的基因组,决定了该生物体的全部生物学特性。

人的基因组决定了人之所以是人,而不是别的生物。我的基因组决定了我是我而不是他人。既然如此,通过改变基因和基因组以改良动植物和微生物品种的育种技术,能否用于人类以改善人体的遗传特性呢? 回答是肯定的,因为人是生物,对其他生物有效的技术对人同样是有效的。但是,"能不能"不等于"可不可"。可不可以将应用于其他生物的育种技术应用于人,这是有争论的。因为人不单是生物学上的人,而且是作为人类社会一分子的社会的人,还要受到社会的制约。最为明显的例子就是优生学的争论。

优生学的创始者英国人高尔顿提出,优生学的目的在于"研究促进种族之天赋""使天赋得以充分发展"。美国人强调"研究以改良的生殖方法谋求人类之进步"。德国人格罗特扬则明确指出,"研究人类生殖状况及其控制,以防止生理和心理的缺陷的遗传,得到本质良善的后代。"

优生学说 1920 年代传入我国,社会学家、优生学家潘光旦就是先行者之一。他于 1929 年任复旦大学社会学教授,先后讲授"家庭问题""优生学"和"社会之生物基础"等课程。他早期的《优生概论》和《优生原理》两部著作,分别完成于 1924 年和 1935 年。

潘光旦在《优生原理》中开宗明义地指出:"优生原理是由生物演化论的原理赓续推演而来的。演化的主要成因有三,一是变异,二是遗传,三是选择。"那时有人认为生物演化的这些原则不适合于人类,文化有无限的模范与熏陶的力量,甚至可以转移人性。潘光旦的立脚点恰恰与此相反,认为"文化的力量虽大,它不能阻挡选择的行施,也的确没有阻挡过选择的行施;它至多可以转移选择的方向,变更选择的品类,但是对于选择的原则,始终未曾改动得分毫。"

人是一种哺乳动物。人的容貌、体型、肤色、毛发颜色、形态解剖学特征、代谢类型以及对疾病的易感性等均属于生理特性,如同其他生物的特性一样,会在自然选择的压力下发生符合进化规律的变化。事实上,现代人种就是从猿人经过漫长的岁月逐渐演变而来的,确实是不断"改良"的结果。

优生学则希望运用科学技术采取各种措施人为地加速选择的进程,比如防止和减少遗传病患儿的出生,降低人群中有害基因的频率。可是从遗传学理论看,根据哈迪—温伯格平衡定律,并考虑对遗传病患者的各种选择作用和基因外显率、表现度、突变率等因素,要想在人群中彻底消除有害的或致病的基因,如果不是不可能,也将是极难实现的。

选择对显性基因的作用比较明显,因为纯合的和杂合的个体都将受到选择的作用。软骨发育症是一种常染色体显性遗传病,新生儿发病率为 0.0001,对患儿的选择作用为 80%,即 20% 的患儿能存活且留下后代,产生显性有害基因的突变率为 0.000043。在这种情况下,人群中每一世代可消除致病等位基因频率 40% 左右。血友病 A 是 X 连锁的遗传病,男性发病率约为 0.00008,选择作用为 0.75,产生新的血友病 A 等位基因的突变率为 0.00002。这样,每一世代人群中血友病 A 等位基因频率可下降 25％。这些都表明，显性和伴性有害致病基因的频率减少速度还是较快的；即使如此，要完全清除这些等位基因也几乎是不可能的。

可是，人群中最多的却是隐性遗传病患者。选择只对隐性基因纯合个体起作用，隐性致死基因在没有新的突变补偿的情况下也可在很多世代中保持。大多数隐性基因处于杂合状态，而且在群体中频率越低的隐性基因，以杂合子存在的概率就越高，受到选择的作用很小。隐性有害基因在群体中消除的速度十分缓慢。

所以，通过减少人群中有害等位基因来达到改良人种的目的是难以实现的。目前用来纠正致病基因的基因治疗只限于体细胞，根本未涉及改进人的遗传本性。至于性细胞的基因治疗，由于涉及伦理学争论，至今还没有一个国家实施生殖细胞核基因组的基因治疗。即使有朝一日得以实施，同样也是徒劳的。因为隐性有害基因的携带者，其表型是正常人，不可能逐一对这些人的生殖细胞进行基因治疗。而且，任何政府都不可能采取措施，禁止这些"健康人"婚育。

当然，这不等于说，对有害基因在人群中的传播只能听之任之。人类应该努力提高疾病诊断的能力，普及医学遗传知识，推广遗传咨询活动，在"知情、选择"的前提下和自愿的基础上，通过各种措施减少遗传病患儿的出生。这样做的目的当然不是要育成凌驾于其他种族之上的"优等"人种,而是要提高人类的健康水平,增强人民的体质,减少因遗传病患儿出生给个人、家庭和社会造成精神上和经济上的沉重负担。

人确是一种哺乳动物,但又不同于其他哺乳动物,因为人是有思维意识的,具有自觉能动地改造客观自然界包括改造人自身的能力。人的这种智能是在社会实践中获得的。当然,学习和掌握知识技能的过程,也是一系列生理活动,是脑功能的体现,因此与脑的神经组织结构密切相关。生物体内器官、组织和细胞的结构和表型受控于基因,从这个意义上讲,一个人学习和掌握知识技能的效率是与基因有关的;或者说,不同个体的基因型为学习知识技能的有效性提供了不同的潜能。但这些基因功能的实现还有环境因素在起作用,只有通过勤奋学习,这种潜能才能转化成现实。即使如此,遗传下来的潜能在学有所成中所起的作用也只占一小部分,更关键的是学习到的知识并不编码在遗传物质中,因此不可能直接传递给下一代。

可是早期的优生学者,都错误地把知识才能甚至名位权力说成是直接遗传的。高尔顿在1869年出版的《遗传的天才》中提到,中国的科举制度"周密深切,向负盛名"。他曾探究"历届状元在血统上有无关系",并说"征得一例,有女子一,初嫁生子后成状元;再嫁,与后夫所生之子后亦成状元"。1920—1930年，美国一批优生学者分别调查了几百名科学家、文学家和"天才儿童"的出身，结论都是名人出自名门。对于这种优生学说，潘光旦曾提出质疑，认为优生学还不能算是科学："因其发端不久，研究之成绩尚不多见"，"应否立即加入科学之林，尚是疑问"。周建人于1926年更是尖锐地指出，这种优生观点对民族强盛和社会进步毫无用处。二战期间，纳粹德国宣扬雅利安人为优等民族，犹太人、吉普赛人等为劣等民族，假借优生学作为实施种族灭绝的法西斯暴行的理论依据，因而在战后，优生这个名词同希特勒的罪恶行径联在了一起而声名狼藉。

其实，我国目前推行的实现优质生育和优质抚养，同纳粹德国所宣扬的优生学根本不是一回事，不仅不应反对，而且应该提倡。婚前健康检查，遗传咨询，产前诊断，在自愿、知情和选择的基础上实施避孕和中止妊娠等，不仅在我国而且世界上许多国家都在实施，并得到人民的拥护。但为了避免优生这个名词带来的负面影响，我们对外宣传可以不用这个名词，而采用 健康的出生，这能真实反映我们对提高人们遗传素质的认识和做法。至于宣扬知识才能可直接遗传、"名人"精子能产生"名人"等，则是对遗传学理论的歪曲，是不足取的。

关于个人基因组资料的隐私权问题

人类疾病不管是器质性的还是官能性的,大多不同程度地与基因有关。有些病直接起因于单个基因的突变,有些病则由多个基因的突变引起,还有一些病的患病易感性与基因组内 DNA 序列形成的遗传背景相关联。例如,1999年 12 月 2 日出版的英国《自然》周刊,报道了人的第 22 号染色体的 DNA 全序列共 3340 万个碱基对,其中至少含有 545个基因和 134 个假基因。在这些基因中,有许多是与疾病相关的,如遗传性疾病猫眼综合征、精神分裂症易感性、脊髓小脑运动失调症等。如果对一个人的基因组结构进行分析,发现存在与严重疾病相关的等位基因,但疾病尚未发作;换言之,当分析一个外观健康的人的基因组时,发现了某些异常基因,在今后有可能产生不良后果。此时,这个人的基因组资料就不应公之于众,而应作为个人隐私加以保护。否则,此人在求职、择偶、申报医疗保险和人寿保险等方面,都可能遭到歧视和不公正的待遇。事实上,基因决定疾病发生的过程是很复杂的,受到致病基因及其与其他基因、DNA 序列间相互作用的影响,并受内外环境因素的调节。即使是同样的异常基因,不同个体也有不同的表现,有的患病,有的仍然正常,即基因的外显率不同;患病的病情也有轻重之分,即不同的表现度。因此,如何看待个人基因组的资料,既是遗传学问题,同时也是个社会问题。

基因组研究的伦理学问题

当最终弄清了人体基因组内各个基因的功能,以及非编码序列所起作用后,能否按人们的意志,有计划有目的地去改造人的基因组呢？目前,西方一些国家通过立法规定,除了医疗目的外,不得用人的生殖细胞和胚胎细胞进行实验研究,旨在防范对人的基因组进行增删置换,创造出"超级人种"。基因治疗也只限于体细胞,除了上述考虑外,还由于基因治疗系统的长期安全性尚在评价之中,一些关键技术有待进一步完善,所以基因治疗的临床研究绝大多数限于恶性肿瘤,特别是晚期患者,其理由不言而喻。除此之外,只有那些无法用药物或饮食控制、缓解,而且在儿童期患者就会夭折的极少数遗传病,才被列为基因治疗临床试验的对象。这种慎之又慎的态度,不仅体现了科学家的人品,更重要的是遵循不以人为实验动物、维护人类尊严、维护科学道德的伦理学规范。

伦理是指"事物的条理","处理人的相互关系所应遵循的道德和准则",道德则是指"立身依据和行为准则"。由此可见,伦理道德是没有统一标准的。不同的社会和不同的阶层,所持的伦理道德准绳是不同的。进化论者认为人是从猿变来的,宗教人士则认为这种说法是对上帝的不敬;封建社会倡导男女授受不亲,妇女要三从四德、从一而终;现代社会对人工授精或试管婴儿,尽管在开始阶段也遇到种种阻力,但现在已习以为常,不会再引起非议。

自然科学是没有国界的,但自然科学的研究成果对社会产生的冲击,不同的社会则有不同的评价标准。所以,对待诸如生殖细胞基因治疗、转基因食品的生产和销售,乃至人的克隆和在实验室里人工创造新的生命体等,都必须从中国的国情出发,具体而科学地分析利弊得失,理性地作出合理的决策。从科学发展的历史看,凡是科学,任何手段和力量都是禁止不住的,最后终将挣脱羁绊而获得发展;凡是伪科学,则只能得逞于一时一地,最后必将被扔入历史的垃圾堆。总之,在自然科学的社会问题面前,我们既要认真学习和吸取国外有益的经验和合理的规定,又要防止盲目抄袭和听从西方国家的法规和舆论,不加分析地强调同国际接轨。具体问题具体分析是唯一明智的选择。

基因组研究涉及的商业和法律问题

人体基因有的是可以作为商品开发的,一个与肥胖有关的基因曾售价 2000 万美元,国外一些大公司已将克隆的有制药和治疗前景的基因申请了专利。一些人体基因编码的细胞因子，如白细胞介素、干扰素、促红细胞生成素等，都有药用价值，都可用基因工程大量生产，现在每一种产品年销售额都达几亿美元。西方一些大型制药企业目前正热衷于克隆常见多发病的相关基因，如哮喘、II型糖尿病、高血压、冠心病和恶性肿瘤等，一旦得手，就可研制防治这些疾病的药品，申请专利，垄断市场，获取高额利润。

　　分离克隆这类基因的重要途径之一，就是广泛收集病例以及病人家系中每个成员的血液样品，从中提取 DNA。我国人口众多，病种和病例也很多，而且有些偏僻山区，人口流动性小，远亲近戚聚居一地，是采集病人家系中各个成员的 DNA 样品的好去处。于是，我国成了外国公司渗入的对象。他们或是打着合作科研的旗号，大量收集成千上万份样品运往国外实验室，但中方合作者的权益如研究论文发表时的署名权、研究成果的知识产权的分享等，均无明确的规定，得不到应有的保证；或是干脆出现金收购血样，他们付少量的劳务费，让当地的科研人员和医务人员为其上山下乡找病人和家属抽血，而且不让被抽血者知道他们的 DNA 将用于什么样的研究，因而更谈不上在了解样品用途的基础上自愿同意供给血样。可是，"知情同意"原则恰恰是西方科学家们为尊重人权而确立的。为什么在西方国家里这个原则必须得到保证，而西方科学家跑到中国来，就可把这个原则置之脑后呢？

为此，我国政府根据我国科学家的反映和要求，制订了我国人类遗传资源管理办法，把与商业开发直接相关的人体基因组，视作一项重要的遗传资源加以管理和保护。管理办法明确规定，在符合国际惯例、确保我方权益的基础上，加强同国外机构和人员之间的科研合作，DNA 样品经过申报审批方可送出境外进行研究。这样，既贯彻了对外开放加强国际合作交流的一贯方针，又杜绝了私自采样、掠夺遗传资源的不法行径，将使我国的遗传学研究更好地得到发展。遗传学将是 21 世纪迅猛发展的一门自然科学。遗传学的研究成果同人类健康、农业生产、环境保护乃至国防建设都密切相关。同时，遗传学揭示的生物的遗传本性，遗传学研究的思路，以及研究成果对社会产生的影响等，又向社会科学提出了一系列需认真思考的课题。遗传学研究同社会科学研究交叉渗透，相互促进，必将更加有力地推动社会发展，造福人类。

1910 年在遗传学史上几乎和 1900 年同样重要，在这一年摩尔根发表了他研究果蝇的第一篇论文。重新发现孟德尔后的头一个 10 年贝特森对遗传学的发展影响极大。他和他的同事不仅充分论证了孟德尔定律，而且还发现和解释了许多看来是例外的特殊问题。贝特森在遗传学的词汇方面也作出了重要贡献。在这 10 年中波弗利也证实了染色体的连续性和独立性而深受欢迎。

胚胎学家摩尔根是全然不相信瑟顿—波弗利染色体学说的学者之一，他和威尔逊是在纽约哥伦比亚大学的同事。他们彼此之间虽然友谊深厚，然而那时两人对染色体与遗传之间的关系的解释却完全不同。1908 年摩尔根开始进行遗传学实验，起初用的实验动物是大鼠和小鼠。他的最具有决定意义的决定可能是放弃了用哺乳类动物做实验，因为它们的世代时间长，管理费用高，而且容易生病。当时有另外两位美国遗传学家，凯塞尔和弗朗克路兹，已经采用普通果蝇进行实验多年，这种果蝇每两三个星期就繁殖一代，用扔掉的废牛奶瓶就可以培养而且几乎完全不受病害侵袭。普通果蝇还有一个重要特点是只有 4 对染色体,而大多数哺乳动物的染色体数目变化幅度是±24。因此果蝇特别适合于研究交换现象,而这正是最后证实染色体学说所必需的。